TRADUCTION

DU LIVRE XX ET DU TITRE VII DU LIVRE XIII

DES PANDECTES

AVEC LE TEXTE EN REGARD

DIGESTORUM SEU PANDECTARUM

LIBER XX.

TITULUS I.

DE PIGNORIBUS ET HYPOTHECIS, ET QUALITER EA CONTRAHUNTUR, ET DE PACTIS EORUM.

1. Papinianus *libro IX* (1) *Responsorum.*

Conventio generalis in pignore dando bonorum vel postea quæsitorum recepta est; in speciem autem alienæ rei collata conventione, si non fuit ei, qui pignus dabat, debita, postea debitori dominio quæsito, difficilius creditori, qui non ignoravit alienum, utilis actio dabitur; sed facilior erit possidenti retentio.

§ 1. Servo pignori dato, peculium ejus creditor citra conventionem specialiter super eo conceptam frustra distrahit, nec interest, quando servus domino peculium acquisierat (2).

§ 2. Quum prædium pignori daretur, nominatim, ut fructus quoque pignori essent, convenit. Eos consumtos bona fide emtor utili Serviana restituere non cogetur; pignoris enim causam nec usucapione perimi placuit, quoniam quæstio pignoris ab intentione dominii separatur; quod in fructibus dissimile est, qui nunquam debitoris fuerunt.

§ 3. Pacto placuit, ut ad diem usuris non solutis, fructus hypothecarum usuris compensarentur fini legitimæ usuræ. Quamvis exordio minores in stipu-

---

(1) Haloander : *lib. II.*
(2) Vulg. et Hal. : *acquisierit.*

DIGESTE OU PANDECTES

LIVRE XX.

TITRE Ier.

DES GAGES ET HYPOTHÈQUES, DE LA MANIÈRE DE LES CONSTITUER, ET DES PACTES QUI PEUVENT Y ÊTRE AJOUTÉS.

1. PAPINIEN, *Réponses, liv. XI.*

La convention générale par laquelle on hypothèque tous ses biens, même ceux qu'on acquerra par la suite, est admise. Mais dans le cas où la convention a porté sur la chose d'autrui, qui n'était pas due à celui qui donnait le gage, si le débiteur en acquiert ensuite la propriété, on accordera difficilement une action utile au créancier qui n'a pas ignoré que la chose était à autrui ; mais il aura plus facilement la rétention s'il possède.

§ 1. Quand un esclave a été donné en gage, le créancier ne vend pas valablement le pécule, à moins qu'une convention spéciale n'ait été faite à ce sujet. Peu importe l'époque où l'esclave a acquis le pécule à son maître.

§ 2. Au moment où un fonds était donné en gage, il a été convenu expressément que les fruits aussi seraient engagés. L'acheteur de bonne foi ne sera point forcé par l'action utile Servienne à restituer ces fruits, s'il les a consommés. Car on décide que le droit de gage n'est point détruit par l'usucapion, parce que la question du gage est distincte de celle de la propriété. Il en est autrement pour les fruits, qui n'ont jamais été au débiteur.

§ 3. On est convenu que les intérêts n'étant pas payés au jour fixé, les fruits des choses hypothéquées se compenseraient avec les intérêts dans les limites du taux légitime. Quoique, dans le principe, des intérêts moins forts aient été stipulés, on a décidé pourtant que la convention n'est pas nulle, parce qu'on a pu valablement promettre

latum venerint, non esse tamen irritam conventionem placuit, quum ad diem minore fœnore non soluto, legitimæ majores usuræ stipulanti recte promitti potuerunt.

§ 4. Quum prædium uxor viro donasset, idque prædium vir pignori dedisset, post divortium mulier possessionem prædii sui recuperavit, et idem prædium ob debitum viri pignori dedit; in ea duntaxat pecunia recte pignus a muliere contractum apparuit, quam offerre viro debuit meliore prædio facto, scilicet si majores sumtus, quam fructus fuissent, quos vir ex prædio percepit; etenim in ea quantitate proprium mulier negotium gessisse, non alienum suscepisse videtur.

2. Idem *libro III Responsorum.*

Fidejussor, qui pignora vel hypothecas suscepit, atque ita pecunias solvit, si mandati agat, vel cum eo agatur, exemplo creditoris etiam culpam æstimari oportet; ceterum judicio, quod de pignore dato proponitur, conveniri non potest.

3. Idem *libro XX Quæstionum.*

Si superatus sit debitor, qui rem suam vindicabat, quod suam non probat (1), æque servanda erit creditori actio Serviana, probanti, res in bonis eo tempore, quo pignus contrahebatur, illius fuisse. Sed et si victus sit debitor vindicans hæreditatem, judex actionis Servianæ, neglecta de hereditate dicta sententia, pignoris causam inspicere debebit. Atquin

---

(1) Hal. : *probaret,* et ita correctum in cod. Flor.

par stipulation des intérêts à un taux plus élevé, par exemple au taux légal, pour le cas où des intérêts plus faibles ne seraient pas payés à leur échéance.

§ 4. Une femme ayant fait donation d'un fonds à son mari, et le mari ayant donné ce fonds en gage, la femme, après le divorce, a recouvré la possession de son fonds, et l'a donné en gage pour une dette de son mari. Le gage n'a paru valablement constitué par la femme que jusqu'à concurrence de la somme qu'elle devait offrir à son mari pour avoir amélioré le fonds, dans le cas où les dépenses excéderaient la valeur des fruits que le mari aurait perçus du fonds : car, jusqu'à concurrence de cette somme, la femme paraît avoir fait sa propre affaire, et non s'être chargée de la dette d'autrui.

2. LE MÊME, *Réponses, liv. III.*

Si le fidéjusseur, qui, en payant, s'est fait transporter par le créancier les gages et hypothèques, intente contre le débiteur l'action du mandat, ou est actionné par lui au même titre, sa responsabilité, quant à la faute, sera assimilée à celle du créancier. Du reste, il ne peut être poursuivi par l'action qui est donnée contre celui qui a reçu un gage.

3. LE MÊME, *Questions, liv. XX.*

Si un débiteur qui révendiquait sa chose a succombé parce qu'il n'a pas prouvé qu'elle était à lui, le créancier n'en conservera pas moins l'action Servienne en prouvant que la chose était dans les biens du débiteur au temps où le gage a été constitué. De même, si le débiteur a perdu son procès en revendiquant l'hérédité, le juge de l'action Servienne, laissant de côté le jugement rendu sur la pétition d'hérédité, devra examiner la validité du gage. Mais, objectera-t-on, on a décidé autrement touchant les legs et les affranchissements, lorsque

aliud in legatis et libertatibus dictum est, quum secundum eum, qui legitimam hereditatem vindicabat, sententia dicta est. Sed creditor non bene legatariis per omnia comparatur, quum legata quidem aliter valere non possint, quam si testamentum ratum esse constet, enimvero fieri potest, ut et pignus recte sit acceptum, nec tamen ab eo lis bene instituta.

§.1. Per injuriam victus apud judicium rem, quam petierat, postea pignori obligavit; non plus habere creditor potest, quam habet (1) qui pignus dedit ergo summovebitur rei judicatæ exceptione, tametsi maxime nullam propriam, qui vicit, actionem exercere possit; non enim quid ille non habuit, sed quid in ea re, quæ pignori data est, debitor habuerit, considerandum est.

4. GAIUS *libro singulari de Formula hypothecaria*.

Contrahitur hypotheca per pactum conventum, quum quis paciscatur, ut res ejus propter aliquam obligationem sint hypothecæ nomine obligatæ; nec ad rem pertinet, quibus fit verbis, sicuti est et in his obligationibus, quæ consensu contrahuntur. Et ideo et sine scriptura si convenit, ut hypotheca (2) sit, et probari poterit, res obligata erit, de qua conveniunt. Fiunt enim de his scripturæ, ut quod actum est per eas facilius probari poterit (3); et sine his autem valet, quod actum est, si habeat probationem, sicut et nuptiæ sunt, licet testationes in scriptis habitæ non sunt.

---

(1) Hal. : *habebat.*
(2) Hal. : *hypothecæ.*
(3) Vulg. et Hal. : *possit.*

le jugement a été rendu en faveur de celui qui revendiquait l'hérédité légitime. Je réponds que le créancier ne peut être comparé aux légataires sous tous les rapports : car les legs ne peuvent valoir qu'autant que le testament subsistera ; tandis qu'il peut arriver que le gage ait été bien constitué, et que le débiteur ait intenté un mauvais procès.

§ 1. Une personne qui, dans la revendication d'une chose, avait succombé par l'injustice du juge, a ensuite hypothéqué cette même chose. Le créancier ne peut pas avoir plus de droit sur cette chose que celui qui la lui a engagée. Il sera donc repoussé par l'exception de la chose jugée, quoique celui qui a obtenu gain de cause ne puisse exercer aucune action qui lui soit propre ; car il faut considérer non le droit que n'avait pas celui-ci, mais celui qu'avait le débiteur sur la chose qu'il a engagée.

4. GAIUS, *De la Formule hypothécaire, liv. unique.*

L'hypothèque s'établit par la simple convention, lorsque quelqu'un convient que ces choses seront obligées à titre d'hypothèque pour quelque obligation qu'il a contractée. Peu importent les termes employés, de même que dans les obligations qui se contractent par le seul consentement. Ainsi, si l'on est convenu, même sans écrit, qu'il y aura hypothèque, et qu'on puisse le prouver, la chose sur laquelle a porté la convention sera obligée. Car les écritures se font pour qu'on puisse prouver plus facilement par ce moyen ce qui a été convenu ; et la convention n'en est pas moins valable sans écrit, si l'on peut en fournir d'ailleurs la preuve ; de même qu'un mariage est valable, quoiqu'une attestation n'en ait point été rédigée par écrit.

5. Marcianus *libro singulari ad Formulam hypothecariam.*

Res hypothecæ dari posse sciendum est pro quacunque obligatione, sive mutua pecunia datur, sive dos, sive emtio vel venditio contrahatur, vel etiam locatio et conductio, vel mandatum, et sive in præsenti contractu, sive etiam præcedat. Sed et futuræ obligationis nomine dari possunt, et non solum solvendæ omnis pecuniæ causa, verum etiam de parte ejus, et vel pro civili obligatione, vel honoraria, vel tantum naturali. Sed et in conditionali obligatione non alias obligantur (1), nisi conditio exstiterit.

§ 1. Inter pignus autem et hypothecam tantum nominis sonus differt.

§ 2. Dare autem quis hypothecam potest sive pro sua obligatione, sive pro aliena.

6. Ulpianus *libro LXXIII ad Edictum.*

Obligatione generali rerum, quas quis habuit habiturusve sit, ea non continebuntur, quæ verisimile est quemquam specialiter obligaturum non fuisse, utputa supellex; item vestis relinquenda est debitori, et ex mancipiis, quæ in eo usu habebit (2), ut certum sit, eum pignori daturum non fuisse. Proinde de ministeriis ejus perquam ei necessariis, vel quæ ad affectionem ejus pertineant.

7. Paulus *libro LXVIII (3) ad Edictum.*

Vel quæ in usum quotidianum habentur, Serviana non competit.

---

(1) Hal. : *obligamur.*
(2) Hal. : *habebat.*
(3) Hal. : *lib. LXXIV.*

5. MARCIEN, *Sur la Formule hypothécaire, liv. unique.*

Il faut savoir qu'on peut hypothéquer une chose pour toute sorte d'obligation, soit qu'il s'agisse d'un prêt d'argent, d'une dot, d'une vente, d'un louage, d'un mandat; soit que l'obligation soit pure, à terme ou sous condition; soit que l'hypothèque soit donnée pour un contrat qui se forme actuellement ou pour un contrat déjà formé. On peut aussi la constituer pour une obligation future. Elle peut être donnée non-seulement pour toute la somme à payer, mais même pour une partie seulement. Elle a lieu soit pour les obligations civiles, soit pour le obligations prétoriennes, soit pour les obligations seulement naturelles. Mais la chose hypothéquée pour une obligation conditionnelle n'est engagée qu'autant que la condition s'accomplit.

§ 1. Il n'y a entre le gage et l'hypothèque qu'une différence de nom.

§ 2. On peut donner une hypothèque tant pour sa propre obligation que pour celle d'autrui.

6. ULPIEN, *Sur l'Edit, liv. LXXIII.*

Dans l'obligation générale de tous les biens qu'on a et qu'on aura, ne sont point comprises les choses qu'il est vraisemblable que le débiteur n'aurait pas voulu obliger spécialement, par exemple, les meubles meublants. Il faut aussi laisser au débiteur ses vêtements, et entre ses esclaves, ceux dont il fait un usage tel qu'il est certain qu'il ne les aurait pas engagés : en conséquence, les esclaves dont les services lui sont très-nécessaires, ou pour lesquels il a de l'affection.

7. PAUL, *Sur l'Edit, liv. LXVIII.*

Ou les choses dont il se sert journellement, ne peuvent être l'objet de l'action Servienne.

8. Ulpianus *libro LXXIII ad Edictum.*

Denique concubinam, filios naturales, alumnos constitit generali obligatione non contineri, et si qua alia sunt hujusmodi ministeria.

9. Gaius *libro IX* (1) *ad Edictum provinciale.*

Sed et quod ad eas res, quas eo tempore, quo paciscebatur, in bonis habuit, idem observari debet.

§ 1. Quod emtionem venditionemque recipit, etiam pignorationem recipere potest.

10. Ulpianus *libro LXXIII ad Edictum.*

Si debitor res suas duobus simul pignori obligaverit, ita ut utrique in solidum obligatæ essent, singuli in solidum adversus extraneos Serviana utentur : inter ipsos autem si quæstio moveatur, possidentis meliorem esse conditionem (2); dabitur enim possidenti hæc exceptio : *Si non convenit, ut eadem res mihi quoque pignori esset.* Si autem id actum fuerit, ut pro partibus res obligarentur, utilem actionem competere et inter ipsos, et adversus extraneos, per quam dimidiam partis possessionem (3) apprehendant singuli (4).

11. Marcianus *libro singulari ad Formulam hypothecariam.*

Si is, qui bona reipublicæ jure administrat, mutuam pecuniam pro ea accipiat, potest rem ejus obligare.

---

(1) Hal. : *lib. X.*
(2) Hal. : *melior est conditio.*
(3) Hal. melius : *partem possessionis.*
(4) Hal. addit : *in confesso est.*

8. ULPIEN, *Sur l'Edit, liv. LXXIII.*

Ainsi la concubine, les enfants naturels, les élèves du débiteur, et autres esclaves semblables, ne sont évidemment point compris dans l'obligation générale de tous les biens.

9. GAIUS, *Sur l'Edit provincial, liv. IX.*

Il faut également appliquer ceci aux choses que le débiteur avait dans ses biens au temps de la convention.

§ 1. Tout ce qui peut faire l'objet d'une vente peut aussi faire l'objet d'un gage (1).

10. ULPIEN, *Sur l'Edit. liv. LXXIII.*

Si un débiteur engage ses choses à deux créanciers en même temps, de manière qu'elles soient obligées à chacun d'eux pour la totalité, chacun pourra exercer l'action Servienne pour le tout contre les étrangers. Mais si la contestation s'élève entre eux, la condition de celui qui possédera sera la meilleure; car le possesseur aura cette exception : S'il n'a pas été convenu que la même chose me serait aussi engagée. Mais s'il a été entendu que les choses seraient engagées par parties, chaque créancier aura, et contre l'autre créancier, et contre les tiers, l'action Servienne utile, au moyen de laquelle chacun obtiendra la possession de la moitié de chaque chose.

11. MARCIEN, *Sur la Formule hypothécaire, liv. unique.*

Si celui qui a le droit d'administrer les biens d'une cité emprunte de l'argent pour elle, il peut engager les choses qui lui appartiennent.

---

(1) Et non *d'une hypothèque,* comme traduit Hulot. Voyez mon **Commentaire.**

§. 1. Si ἀντίχρησις (1) facta sit, et in fundum aut in aedes aliquis inducatur, eo usque retinet possessionem pignoris loco, donec illi pecunia solvatur, quum in usuras fructus percipiat aut locando, aut ipse percipiendo, habitandoque; itaque si amiserit possessionem, solet in factum actione uti.

§ 2. Ususfructus an possit pignori hypothecaeve dari? quaesitum est, sive dominus proprietatis convenit, sive ille, qui solum usumfructum habet. Et scribit Papinianus libro undecimo Responsorum (2), tuendum creditorem; et si velit cum creditore proprietarius agere: *non esse ei jus uti frui invito se*, tali exceptione eum praetor tuebitur: *si non inter creditorem, et eum, ad quem ususfructus pertinet, convenerit, ut ususfructus pignori sit*. Nam quum et emtorem ususfructus tuetur praetor, cur non et creditorem tuebitur? Eadem ratione et debitori objicietur exceptio.

§ 3. Jura praediorum urbanorum pignori dari non possunt, igitur nec convenire possunt, ut hypothecae sint.

12. PAULUS *libro LXVIII* (3) *ad Edictum.*

Sed an viae, itineris, actus, aquaeductus pignoris conventio locum habeat? videndum esse, Pomponius ait, ut talis pactio fiat, ut (4), quamdiu pecunia soluta non sit, eis servitutibus creditor utatur, scilicet

---

(1) Id est: *mutuus pignoris usus pro credito.* — Hal. addit in margine: ἀνθυποχή, et vertit: *pro credito mutua pignoris detentio et possessio.*

(2) Hal. transfert: *sive dominus — usumfructum habet*, post: *Papinianus — Responsorum.*

(3) Hal.: *lib. LXXIV.*

(4) Apud Hal. et Vulg. *ut* abest.

§ 1. Si une antichrèse a été faite (c'est-à-dire, s'il a été convenu que la jouissance d'une chose tiendrait lieu au créancier des intérêts de la somme due), et que le créancier soit mis en possession du fonds ou de la maison, il conserve la possession comme à titre de gage, jusqu'à ce que l'argent lui soit payé, attendu qu'il perçoit les fruits au lieu des intérêts, soit en louant, soit en recueillant lui-même les produits, ou en habitant lui-même. Conséquemment s'il perd la possession, il peut user d'une action *in factum*.

§ 2. On a demandé si un usufruit pouvait être engagé ou hypothéqué soit par le propriétaire, soit par l'usufruitier. Papinien écrit, livre XI de ses Réponses, que le créancier doit être protégé par le préteur, et que si le propriétaire veut agir contre le créancier, en soutenant qu'il n'a pas le droit d'user et de jouir malgré lui, le préteur le défendra par une exception ainsi conçue : S'il n'est pas convenu entre le créancier et celui à qui l'usufruit appartient que cet usufruit serait en gage. En effet, puisque le préteur protége l'acheteur de l'usufruit, pourquoi ne protégerait-il pas aussi le créancier gagiste? Par la même raison, cette exception sera opposée au débiteur lui-même.

§ 3. Les servitudes des fonds urbains ne peupent pas être données en gage : on ne peut donc convenir non plus qu'elles seront hypothéquées.

12. PAUL, *Sur l'Edit, liv. LXVIII.*

Mais Pomponius dit qu'il faut voir si l'on ne pourrait pas engager valablement les servitudes de voie, de passage soit pour l'homme, soit pour des bêtes de somme et des voitures, d'aqueduc, en ce sens que l'on conviendrait que le créancier userait de ces droits, en supposant qu'il ait un fonds voisin, et que, si l'argent n'était point payé avant un certain terme, il lui serait permis de ven-

si vicinum fundum habeat; et si intra diem certum pecunia soluta non sit, vendere eas vicino liceat. Quæ sententia propter utilitatem contrahentium admittenda est.

13. MARCIANUS *libro singulari ad Formulam hypothecariam.*

Grege pignori obligato, quæ postea nascuntur, tenentur. Sed et si prioribus capitibus decedentibus totus grex fuerit renovatus, pignori tenebitur.

§ 1. Statuliber quoque dari hypothecæ poterit, licet conditione existente evanescat pignus.

§ 2. Quum pignori rem pignoratam accipi posse placuerit, quatenus utraque pecunia debetur, pignus secundo creditori tenetur, et tam exceptio quam actio utilis ei danda est. Quod si dominus solverit pecuniam, pignus quoque perimitur. Sed potest dubitari, numquid creditori nummorum solutorum nomine utilis actio danda sit, an non? Quid enim, si res soluta fuerit? Et verum est, quod Pomponius libro septimo ad Edictum scribit : si quidem pecuniam debet is, cujus nomen pignori datum est, exacta ea creditorem secum pensaturum ; si vero corpus is debuerit, et solverit, pignoris loco futurum apud secundum creditorem.

§ 3. Et in superficiariis legitime consistere creditor potest adversus quemlibet possessorem, sive tantum pactum conventum de hypotheca intervenerit, sive etiam possessio tradita fuerit, deinde amissa sit.

§ 4. Etiamsi creditor judicatum debitorem fecerit, hypotheca manet obligata, quia suas conditiones

dre ces servitudes à un voisin. Cette opinion doit être admise à cause de l'utilité des contractants.

13. MARCIEN, *Sur la Formule hypothécaire, liv. unique.*

Lorsqu'un troupeau a été hypothéqué, le croît né postérieurement est aussi tenu. Et quand même, par suite de la mort de tous les animaux qui le composaient primitivement, le troupeau aurait été renouvelé en entier, il serait encore affecté de l'hypothèque.

§ 1. Un esclave affranchi sous condition peut être hypothéqué, mais cette hypothèque s'évanouit si la condition s'accomplit.

§ 2. Comme on a décidé qu'une chose donnée en gage peut être de nouveau donnée en gage par le créancier qui l'a reçue, le gage est tenu envers le second créancier tant que les deux sommes sont dues, et il peut obtenir tant une exception qu'une action utile. Que si le propriétaire paye la somme qu'il doit, le gage du second créancier est aussi éteint. Mais on peut douter si ce second (1) créancier aura ou non l'action utile pour obtenir les écus payés au premier. Que décider surtout si le payement a été d'une chose autre que l'argent? J'approuve l'avis de Pomponius dans son livre XVII sur l'Édit : Une créance ayant été donnée en gage, si le débiteur de cette créance doit une somme d'argent, le créancier gagiste à qui elle aura été payée la prendra en compensation de ce qui lui est dû ; mais si l'objet dû est un corps certain, le second créancier qui l'aura reçu le gardera comme gage.

§ 3. Le créancier auquel un bâtiment a été affecté par celui qui a le droit de superficie peut agir légalement contre tout possesseur, soit qu'il n'y ait eu seulement qu'un pacte d'hypothèque, soit même que la possession ait été livrée au créancier et ensuite perdue par lui.

§ 4. La chose hypothéquée reste engagée même après

____

(1) Voy. le Commentaire.

habet hypothecaria actio, id est si soluta est pecunia, aut satisfactum est; quibus cessantibus, tenet. Et si cum defensore in personam egero, licet is mihi satisdederit, et damnatus sit, æque hypotheca manet obligata; multo magis ergo, si in personam actum sit, sive cum reo, sive cum fidejussore, sive cum utrisque pro parte, licet damnati sint, hypotheca manet obligata, nec per hoc videtur, satisfactum creditori, quod habet judicati actionem.

§ 5. Si sub conditione debiti nomine obligata sit hypotheca, dicendum est, ante conditionem non recte agi, quum nihil interim debeatur; sed si sub conditione debiti conditio venerit, rursus agere poterit. Sed si præsens sit debitum, hypotheca vero sub conditione, et agatur ante conditionem hypothecaria, verum quidem est, pecuniam solutam non esse, sed auferri hypothecam iniquum est, ideoque arbitrio judicis cautiones interponendæ sunt, si conditio exstiterit, nec pecunia solvatur, restitui hypothecam, si in rerum natura sit.

§ 6. Propter usuras quoque si obligata sit hypotheca, usuræ solvi debent. Idem et in pœna dicemus.

14. Ulpianus *libro LXXIII ad Edictum.*

Quæsitum est, si nondum dies pensionis venit, an et medio tempore persequi pignora permittendum sit? Et puto dandam pignoris persecutionem, quia interest mea; et ita Celsus scribit.

que le créancier a fait condamner le débiteur, parce que l'action hypothécaire a ses conditions propres, savoir : si la somme a été payée, ou si une satisfaction a été reçue : tant que ces conditions ne sont point accomplies, l'action subsiste. Si j'ai agi personnellement contre le défenseur du débiteur, quoiqu'il m'ait donné caution et qu'il ait été condamné, l'hypothèque subsiste encore. Donc elle continue d'exister, à plus forte raison, si j'ai intenté l'action personnelle, soit contre le débiteur principal, soit contre le fidéjusseur, soit contre tous les deux pour partie, quoiqu'ils aient été condamnés. Et le créancier n'est pas réputé satisfait parce qu'il a l'action du jugé.

§ 5. Si une chose a été hypothéquée pour une dette conditionnelle, il faut dire que l'action hypothécaire ne peut pas être régulièrement exercée avant l'événement de la condition, parce qu'en attendant il n'est encore rien dû. Mais si la condition apposée à la dette s'accomplit, le créancier pourra intenter cette action. Si la dette est actuellement exigible, et l'hypothèque subordonnée à une condition, et que le créancier veuille exercer l'action hypothécaire avant l'événement de la condition, il est sans doute vrai de dire qu'il n'est pas payé ; mais il serait inique qu'il enlevât au possesseur la chose hypothéquée. En conséquence, le juge ordonnera à celui-ci de donner caution que, dans le cas où la condition s'accomplirait et où l'argent ne serait pas payé, il restituera la chose hypothéquée, si elle existe encore.

§ 6. Si l'hypothèque a été donnée également pour les intérêts, il faudra aussi, pour que l'action hypothécaire s'éteigne, que les intérêts soient payés. Nous en dirons autant de la peine stipulée.

14. ULPIEN, *Sur l'Edit, liv. LXXIII.*

On a demandé si, le terme du payement n'étant point échu, le créancier pouvait en attendant poursuivre le gage. Je pense qu'il le peut, parce qu'il y a intérêt. C'est aussi l'avis de Celsus.

§ 1. Ex quibus casibus (1) naturalis obligatio consistit, pignus perseverare constitit (2).

15. GAIUS *libro singulari de Formula hypothecaria.*

Et quæ nondum sunt, futura tamen sunt, hypothecæ dari possunt, ut fructus pendentes, partus ancillæ, fetus pecorum, et ea quæ nascuntur, sint hypothecæ obligata. Idque servandum est, sive dominus fundi convenerit aut de usufructu, aut de his, quæ nascuntur, sive is, qui usumfructum habet, sicut Julianus scribit.

§ 1. Quod dicitur, creditorem probare debere, quum conveniebat, rem in bonis debitoris fuisse, ad eam conventionem pertinet, quæ specialiter facta est, non ad illam, quæ quotidie inseri solet cautionibus, ut specialiter rebus hypothecæ nomine datis, cetera etiam bona teneantur debitoris, quæ nunc habet, et quæ postea acquisierit, perinde atque si specialiter hæ res fuissent obligatæ.

§ 2. Qui res suas jam obligaverint (3), et alii secundo obligant creditori, ut effugiant periculum, quod solent pati, qui sæpius easdem res obligant, prædicere solent, alii nulli rem obligatam esse, quam forte Lucio Titio, ut in id, quod excedit priorem obligationem, res sit obligata, ut si pignori hypothecæve id, quod pluris est (4), aut (5) solidum cum primo debito liberata res fuerit. De quo videndum est, utrum hoc ita se habeat, si et conveniat, an et

---

(1) Vulg. : *causis.*

(2) Vulg. et Hal. : *constat.*

(3) Hal. : *obligaverunt.*

(4) Apud Hal., *ut sit — pluris est,* absunt.

(5) Vulg. et Hal. inserunt. *in.*

§. 1. Il est constant que, dans tous les cas où il y a une obligation naturelle, le gage continue d'exister.

15. GAÏUS, *De la Formule hypothécaire*, *liv. unique.*

Les choses qui n'existent pas encore, mais qui doivent exister, peuvent être hypothéquées, comme les fruits pendants, l'enfant à naître d'une esclave, le croît des troupeaux et les autres choses dont on attend la production. Cela doit s'observer soit que la convention, qui affecte ou l'usufruit ou les choses à naître, soit passée par le propriétaire du fonds ou par l'usufruitier, comme l'écrit Julien.

§ 1. Ce qu'on dit que le créancier doit prouver que la chose était dans les biens du débiteur au temps de la convention, ne s'applique qu'au pacte d'hypothèque spéciale, et non à celui qu'on a coutume d'insérer journellement dans les conventions, et par lequel, après avoir hypothéqué spécialement certaines choses, on ajoute que les autres biens du débiteur, tant ceux qu'il a présentement que ceux qu'il acquerra par la suite, seront obligés, comme s'ils avaient été hypothéqués spécialement.

§ 2. Ceux qui ont déjà obligé leurs biens, et qui les obligent à un second créancier, pour éviter les risques auxquels s'exposent ceux qui hypothèquent plusieurs fois les mêmes choses, ont coutume de déclarer d'avance que la chose n'est obligée à aucun autre, si ce n'est, par exemple, à Lucius Titius, et qu'en conséquence ils l'obligent actuellement pour l'excédant de sa valeur sur le montant de la première obligation. En ce cas le gage ou l'hypothèque porte sur ce dont la chose excède la somme due en premier lieu ou sur la totalité de la chose, lorsqu'elle sera affranchie de la première dette. Sur quoi il faut voir si cette dernière décision ne s'appliquera qu'au cas où l'on en serait expressément convenu, ou même au cas où il aurait été convenu simplement que l'excédant serait hypothéqué. Cette

si simpliciter convenerit de eo, quod excedit, ut sit hypothecæ? et solida res inesse conventioni videtur (1) cum a primo creditore fuerit liberata, an adhuc pars? Sed illud magis est, quod prius diximus.

16. MARCIANUS *libro singulari ad Formulam hypothecariam.*

Si fundus' hypothecæ datus sit, deinde alluvione major factus est, totus obligabitur.

§ 1. Si nesciente domino res ejus hypothecæ data sit, deinde postea dominus ratum habuerit, dicendum est, hoc ipsum, quod ratum habet, voluisse eum retro recurrere ratihabitionem ad illud tempus, quo convenit. Voluntas autem fere eorum demum servabitur, qui et pignori dare possunt.

§ 2. Si res hypothecæ data postea mutata fuerit, æque hypothecaria actio competit, veluti de domo data hypothecæ, et horreo facta, item si de loco convenit, et domus facta sit, item de loco dato, deinde vineis in eo positis.

§ 3. In vindicatione pignoris quæritur, an rem, de qua actum est, possideat is, cum quo actum est? Nam si non possideat, nec dolo fecerit, quo minus possideat, absolvi debet; si vero possideat, et aut pecuniam solvat, aut rem restituat, æque absolvendus est; si vero neutrum horum faciat, condemnatio sequetur. Sed si velit (2) restituere, nec possit, forte quod res abest, et longe est, vel (3) in provinciis, solet cautionibus res explicari; nam si caveret (4) se

---

(1) Hal. : *videatur.*
(2) Hal. inserit : *rem.*
(3) Hal. : *velut.*
(4) Hal. *caverit.*

convention paraîtra-t-elle comprendre la chose entière dès qu'elle sera dégagée de la première créance, ou ne comprendra-t-elle même alors qu'une partie? Mais la décision que nous avons donnée d'abord nous paraît préférable.

16. Marcien, *Sur la formule hypothécaire*, *liv. unique.*

Si un fonds a été hypothéqué, et qu'il s'agrandisse ensuite par alluvion, l'hypothèque frappe sur le tout.

§ 1. Si une chose a été hypothéquée à l'insu du propriétaire, et qu'ensuite celui-ci ratifie, il faut dire que, par cela même qu'il ratifie, il a voulu que sa ratification rétroagît au temps de la convention; mais on n'aura égard, en général, qu'à l'intention de ceux qui peuvent donner en gage.

§ 2. Si la chose hypothéquée a ensuite changé de forme, l'action hypothécaire aura également lieu; par exemple, si d'une maison affectée d'hypothèque on a fait un jardin. Il en est de même si l'on a hypothéqué un terrain, et qu'on y ait ensuite construit une maison ou planté des vignes.

§ 3. Dans la revendication du gage on examine si celui contre qui l'action est intentée possède la chose dont il s'agit; car s'il ne la possède pas, et si ce n'est point par son dol qu'il soit privé de la possession, il doit être absous. S'il la possède, et qu'il prenne le parti, soit de payer la somme due, soit de restituer la chose, il sera également absous; mais s'il ne fait ni l'un ni l'autre, la condamnation aura lieu. Cependant, s'il veut restituer et qu'il ne le puisse pas, parce que la chose n'est pas là, qu'elle est éloignée ou en province, on recourt ordinairement à l'expédient des cautions; car, s'il donne caution de restituer la chose, il est absous. S'il a cessé de posséder par dol, et que, malgré tous ses efforts, il lui soit impossible de restituer la chose même, il sera con-

restituturum, absolvitur. Sin vero dolo quidem desiit possidere, summa autem ope nisus non possit rem ipsam restituere, tanti condemnabitur, quanti actor in litem juraverit, sicut in ceteris in rem actionibus; nam si tanti condemnatus esset, quantum deberetur, quid proderat (1) in rem actio, quum et in personam agendo idem consequeretur?

§ 4. Interdum etiam de fructibus arbitrari debet judex, ut, ex quo lis inchoata sit, ex eo tempore etiam fructibus condemnet. Quid enim, si minoris sit prædium, quam debetur? nam de antecedentibus fructibus nihil potest pronuntiare, nisi (2) exstent et res non sufficit.

§ 5. Creditor hypothecam sibi per sententiam adjudicatam quemadmodum habiturus sit? quæritur; nam dominium ejus vindicare non potest. Sed hypothecaria agere potest, et si exceptio objicietur a possessore rei judicatæ, replicet : *Si secundum me judicatum non est.*

§ 6. Si pluris condemnatus sit debitor non restituendo pignus, quam computatio sortis et usurarum faciebat, an, si tantum solverit, quantum debebat, exoneretur hypotheca? Quod ego, quantum quidem ad subtilitatem legis et auctoritatem sententiæ, non probo; semel enim causa transire videtur ad condemnationem, et inde pecunia deberi. Sed humanius est non amplius eum, quam quod revera debet, dando hypothecam liberare.

---

(1) Hal. : *prodesset.*
(2) Vulg. et Hal. inserunt : *res,* et omittunt : *et res non sufficit.*

damné à la somme à laquelle le demandeur estimera la
chose, sous la garantie du serment, comme dans les
autres actions réelles ; car, s'il n'était condamné qu'au
montant de la somme due, à quoi servirait au créancier l'action réelle, puisqu'en intentant l'action personnelle, il obtiendrait le même résultat ?

§ 4. Quelquefois le juge doit étendre son arbitrage
aux fruits, en ce sens qu'il comprendra aussi dans la
condamnation les fruits depuis le moment de la litiscon-
testation. En effet, ne peut-il pas arriver que la valeur
du fonds soit inférieure à la somme due ? Mais quant
aux fruits antérieurs, il ne peut point en prononcer la
restitution, à moins qu'ils n'existent encore et que la
chose ne suffise pas.

§ 5. On demande comment le créancier se procurera
la chose hypothéquée qui lui a été adjugée par une sentence ; car il ne peut pas en revendiquer la propriété.
Mais il peut intenter l'action hypothécaire, et, si le possesseur lui oppose l'exception de la chose jugée, il répliquera : S'il n'a pas été jugé en ma faveur.

§ 6. Si le débiteur, en ne restituant pas le gage, a été
condamné à une somme plus forte que le montant du
capital de la dette et des intérêts, dégagera-t-il la chose
hypothéquée en payant simplement ce qu'il devait ? Je
n'approuverais point cet avis, en m'en rapportant à la
rigueur des principes et à l'autorité de la sentence ; car
tout paraît ramené aujourd'hui à la condamnation ; et
c'est le montant de cette condamnation qui est dû do-
rénavant. Mais il est plus équitable que le débiteur libère la chose hypothéquée en payant seulement ce qu'il
doit véritablement.

§ 7. Aliena res utiliter potest obligari sub conditione, si debitoris facta fuerit.

§ 8. Si duo pariter de hypotheca paciscantur, in quantum quisque obligatam hypothecam habeat, utrum pro quantitate debiti, an pro partibus dimidiis? quæritur. Et magis est, ut pro quantitate debiti pignus habeant obligatum. Sed uterque, si cum possessore agat, quemadmodum? utrum de parte quisque, an de toto, quasi utrique in solidum res obligata sit? Quod erit dicendum, si eodem die pignus utrique datum est separatim ; sed si simul illi et illi, si hoc actum est, uterque recte in solidum aget; si minus, unusquisque pro parte.

§ 9. Potest ita fieri pignoris datio hypothecæve, ut, si intra certum tempus non sit soluta pecunia, jure emtoris (1) possideat rem, justo pretio tunc æstimandam ; hoc enim casu videtur quodammodo conditionalis esse venditio. Et ita divus Severus et Antoninus rescripserunt.

17. Ulpianus *libro XV ad Edictum.*

Pignoris persecutio in rem parit actionem creditori.

18. Paulus *libro XIX ad Edictum.*

Si ab eo, qui Publiciana uti potuit, quia dominium non habuit, pignori accepi, sic tuetur me per

---

(1) Vulg. et Hal. : *emptionis.*

§ 7. La chose d'autrui peut être utilement hypothéquée sous cette condition : si elle devient la propriété du débiteur.

§ 8. Quand deux créanciers se font donner hypothèque sur la même chose, pour combien la chose est-elle hypothéquée à chacun? est-ce en proportion des créances respectives, ou par moitié? Je suis porté à décider que la chose est engagée à chacun en proportion de sa créance. Mais si tous les deux exercent l'action hypothécaire contre le possesseur, comment chacun agira-t-il? Sera-ce pour partie, ou pour le tout, en considérant la chose comme hypothéquée en entier à chacun? Il faudra décider dans ce dernier sens (1), si la chose a été engagé séparément à tous deux le même jour. Mais si elle leur a été engagée en même temps, chacun pourra agir pour la totalité, si telle a été l'intention des parties; sinon, chacun agira pour une portion.

§ 9. On peut donner un gage ou constituer une hypothèque avec cette clause que, si la somme n'est pas payée avant un certain temps, le créancier possédera la chose à titre d'acheteur, pour le juste prix qui sera alors fixé ; car, dans ce cas, il semble y avoir, en quelque sorte, une vente conditionnelle. C'est ce qui a été décidé par un rescrit des empereurs Sévère et Antonin.

17. ULPIEN, *Sur l'Edit, liv. XV.*

Le créancier a, pour la poursuite du gage, une action réelle.

18. PAUL, *Sur l'Edit, XIX.*

Si j'ai reçu une chose en gage de quelqu'un qui pouvait employer l'action Publicienne (2), parce qu'il n'en

______

(1) Hulot traduit ici : « Chacun ne pourra poursuivre *qu'une portion de la chose* si elle leur a été engagée à tous deux le même jour, mais en différents temps. » C'est au contraire la chose en entier que chacun peut poursuivre alors.

(2) Hulot fait ici un contre-sens : « Qui avait par le droit préto-

Servianam prætor, quemadmodum debitorem per Publicianam.

19. ULPIANUS *libro XXI ad Edictum.*

Qui pignori plures res accepit, non cogitur unam liberare, nisi accepto universo, quantum debetur.

20. IDEM *libro LXIII ad Edictum.*

Cum convenit, ut is, qui ad refectionem ædificii credidit, de pensionibus jure pignoris ipse creditum recipiat, etiam actiones utiles adversus inquilinos accipiet, cautionis exemplo, quam debitor creditori pignori dedit.

21. IDEM *libro LXXIII ad Edictum.*

Si inter colonum et procuratorem meum convenerit de pignore, vel ratam habente me conventionem, vel mandante, quasi inter me et colonum meum convenisse videatur (1).

§ 1. Si debitor servum, quem a non domino bona fide emerat, et pignoravit, teneat, Servianæ locus est, et si adversus eum agat creditor, doli replicatione exceptionem elidet; et ita Julianus ait, et habet rationem.

§ 2. Quidquid pignori commodi sive incommodi fortuito accessit, id ad debitorem pertinet.

§ 3. Si res pignorata non restituatur, lis adversus possessorem erit æstimanda; sed utique aliter adversus ipsum debitorem, aliter adversus quemvis possessorem. Nam adversus debitorem non pluris, quam quanti (2) debet, quia non pluris interest; ad-

----

(1) Vulg. et Hal. *videtur.*
(2) Apud Hal. : *quanti* abest.

avait pas le domaine, le préteur me protégera par l'action Servienne, de même qu'il protége mon débiteur par l'action Publicienne.

19. ULPIEN, *Sur l'Edit, liv. XXI.*

Le créancier qui a reçu en gage plusieurs choses n'est pas forcé d'en libérer une avant d'avoir reçu la totalité de ce qui lui est dû.

20. LE MÊME, *Sur l'Edit, liv. LXIII.*

Lorsqu'il a été convenu que celui qui a prêté de l'argent pour reconstruire un édifice recevrait le montant de sa créance sur les loyers qui lui seraient affectés à titre de gage, on donnera au créancier des actions utiles contre les locataires, à l'exemple du cas où un débiteur donne en gage à son créancier le billet de son propre débiteur.

21. LE MÊME, *Sur l'Edit, liv. LXXIII.*

Si une convention d'hypothèque a eu lieu entre mon fermier et mon procureur, soit que je ratifie la convention, soit que j'aie donné mandat, elle sera censée passée entre moi et mon fermier.

§ 1. Si un débiteur possède un esclave qu'il a acheté de bonne foi de quelqu'un qui n'en était pas propriétaire, et qu'il a hypothéqué, il y a lieu à l'action Servienne; et si le créancier agit contre lui, il repoussera l'exception qu'opposerait le débiteur par la réplique du dol. C'est le sentiment de Julien, qui paraît fondé en principe.

§ 2. Toutes les augmentations et toutes les détériorations qui surviennent fortuitement à la chose engagée sont pour le débiteur.

§ 3. Si le possesseur ne restitue pas la chose engagée, il sera condamné à l'estimation; mais cette estimation sera autrement faite, suivant que le défendeur sera le

---

rien l'action réelle, nommée Publicienne contre le possesseur, *pour s'en procurer la propriété.* »

versus ceteros possessores etiam pluris, et (1) quod amplius debito consecutus creditor fuerit, restituere debet debitori pignoraticia actione.

22. MODESTINUS *libro VII Differentiarum.*

Si Titio, qui rem meam ignorante me creditori suo pignori obligaverit (2), heres exstitero, ex postfacto pignus directo quidem non convalescit, sed utilis pignoraticia dabitur creditori.

23. IDEM *libro III Regularum.*

Creditor praedia sibi obligata ex causa pignoris locare recte poterit.

§ 1. Pignoris obligatio etiam inter absentes recte ex contractu obligatur.

24. IDEM *libro V Regularum.*

In quorum finibus emere quis prohibetur, pignus accipere non prohibetur.

25. IDEM *libro VIII Regularum.*

Cum vitiose vel inutiliter contractus pignoris intercedat, retentioni locus non est, nec si bona creditoris ad fiscum pertineant.

26. IDEM *libro IV Responsorum.*

Fidejussor impetravit a potestate, ut et ante, quam solveret, pignora ipse possideat, quasi satisfacturus creditoribus, nec satisfecit; modo heres debitoris paratus est solvere creditoribus. Quaero, an pignora

---

(1) Hal. : *pluris, quia quod amplius.*
(2) Hal. : *obligaverat.*

débiteur lui-même, ou un autre possesseur ; car si, c'est le débiteur, il ne sera pas condamné à plus qu'il ne doit, parce que, au delà, le créancier n'a point d'intérêt ; si c'est un tiers possesseur, il pourra être condamné à une somme plus forte, et ce que le créancier aura obtenu de plus que le montant de sa créance, il sera forcé de le rendre au débiteur par l'action pignératitienne.

22. Modestin, *Différences, liv. VII.*

Si je deviens héritier de Titius, qui avait hypothéqué ma chose à son créancier à mon insu, le gage ne devient pas valable directement, mais l'action hypothécaire utile (1) sera donnée au créancier.

23. Le même, *Règles, liv. III.*

Le créancier peut louer valablement les fonds qui lui ont été obligés à titre de gage.

§ 1. L'obligation du gage se contracte régulièrement même entre absents.

24. Le même, *Règles, liv. V.*

Les personnes à qui il est défendu d'acheter des biens dans un certain territoire peuvent cependant y recevoir des biens en gage.

25. Le même, *Réponses, liv. VIII.*

Lorsqu'un contrat de gage est vicieux ou nul, il n'y a pas lieu à la rétention, quand même les biens du créancier auraient passé au fisc.

26. Le même, *Réponses, liv. IV.*

Un fidéjusseur a obtenu de l'empereur que, même avant d'avoir payé, il posséderait les gages comme propriétaire, déclarant qu'il satisferait les créanciers : il ne les a point satisfaits ; l'héritier du débiteur est prêt à payer les créanciers. On demande si le fidéjusseur

---

(1) Voyez le *Commentaire.*

fidejussor restituere cogendus sit? Modestinus respondit, cogendum esse.

§ 1. Pater Seio, emancipato filio, facile persuasit, ut, quia mutuam quantitatem acciperet a Septicio creditore, chirographum perscriberet sua manu filius ejus, quod ipse impeditus esset scribere, sub commemoratione domus ad filium pertinentis pignori dandæ. Quærebatur, an Seius inter cetera bona etiam hanc domum jure optimo possidere possit, quum patris se hereditate abstinuerit, nec metuiri (1) ex hoc solo, quod mandante patre manu sua perscripsit instrumentum chirographi, quum neque consensum suum accommodaverat (2) patri aut signo suo, aut alia scriptura? Modestinus respondit: Quum sua manu pignori domum suam futuram Seius scripserat (3), consensum ei obligationi dedisse, manifestum est.

§ 2. Lucius Titius prædia, et mancipia, quæ in prædiis erant, obligavit; heredes ejus prædiis inter se divisis, illis mancipiis defunctis, alia substituerunt; creditor postea prædia cum mancipiis distraxit. Quæritur, an ipsa mancipia quæ sunt modo in prædiis constituta, hoc est (4) in hypothecis, emtor vindicare recte possit? Modestinus respondit, si neque pignorata sunt ipsa mancipia, neque ex pignoratis ancillis nata, minime creditoribus obligata esse.

27. MARCELLUS *libro V Digestorum* (5).

Servum, quem quis pignori dederat, ex levissima

---

(1) Hal. : *metuere debeat.*
(2) Hal. : *accommodaverit.*
(3) Hal. : *scripserit.*
4) Hal. : *constituta, hæc in hypothecis emtor.*
5) Hal. : PAPINIANUS *lib. V Quæstionum.*

sera forcé de rendre les gages. Modestin a répondu qu'il y sera forcé.

§ 1. Un père, empruntant une somme d'argent de Septicius, a persuadé facilement à Séius, son fils émancipé, d'écrire de sa main le billet, par le motif qu'il ne pouvait pas écrire lui-même, et dans ce billet il était fait mention d'une maison appartenant au fils, qui était donnée en gage. On a demandé si Séius, s'étant abstenu de la succession de son père, pouvait posséder, avec ses autres biens, cette maison libre d'hypothèque, et s'il n'avait rien à craindre de la circonstance que, sur le mandat de son père, il avait écrit le billet entièrement de sa main, n'ayant du reste donné son consentement à son père ni par l'apposition de son sceau ni par quelque déclaration écrite. Modestin a répondu : Attendu que Séius a écrit de sa main que sa maison serait engagée, il est manifeste qu'il a donné son consentement à cette hypothèque.

§ 2. Lucius Titius a hypothéqué des fonds et les esclaves qui y étaient. Ses héritiers ont partagé entre eux ces fonds ; et les esclaves étant morts, ils les ont remplacés par d'autres. Le créancier a ensuite vendu les fonds avec les esclaves. On demande si l'acheteur aura droit de revendiquer les esclaves qui ont été mis récemment dans les fonds hypothéqués. Modestin a répondu que, si ces esclaves n'avaient point eux-mêmes été hypothéqués, ou n'étaient point nés de femmes esclaves hypothéquées, ils n'étaient nullement obligés au créancier.

27. MARCELLUS, *Digeste, liv. V.*

Un maître a mis aux fers pour une faute très-légère, un esclave qu'il avait hypothéqué; ensuite il a fait cesser cette punition. Comme il ne payait pas sa dette, le créancier a vendu l'esclave moins qu'il ne valait auparavant.

offensa vinxit, mox solvit; et quia debito non satis-
faciebat, creditor minoris servum vendidit. An aliqua actio creditori in debitorem constituenda sit?
quia crediti ipsius actio non sufficit ad id, quod deest,
persequendum. Quid si eum interfecisset, aut
eluscasset? Ubi quidem interfecisset, ad exhibendum tenetur; ubi autem eluscasset, quasi damni
injuriæ dabimus actionem ad (1) quantum interest,
quod debilitando aut vinciendo persecutionem pignoris exinanierit. Fingamus nullam crediti nomine
actionem esse, quia forte causa ceciderat; non existimo indignam rem animadversione et auxilio præto-
ris. Ulpianus notat : Si, ut creditori noceret, vinxit,
tenebitur ; si merentem, non tenebitur.

28. PAULUS *libro III Quæstionum.*

Si legati conditionalis (2), relicti filiofamilias, pater ab herede rem propriam ejus pignori acceperit,
et mortuo patre vel emancipato filio conditio legati
exstiterit, incipit filio legatum deberi, et neque pater
potest pignus vindicare, neque filius, qui nunc habere
cœpisset (3) actionem, nec ex præcedente tempore
potest quidquam juris habere in pignore, sicut in
fidejussore dicitur.

29. IDEM *libro V Responsorum.*

Paulus respondit, generalem quidem conventionem sufficere ad obligationem pignorum ; sed ea,
quæ ex bonis defuncti non fuerunt, sed postea ab

---

(1) Vulg. et Hal. : *ad id quantum.*
(2) Hal. addit *nomine.*
(3) Hal. : *cœpit.*

On demande si le créancier obtiendra, à ce sujet, quelque action contre le débiteur, ne pouvant plus exercer efficacement l'action de sa créance pour obtenir ce qui lui manque. Que décider aussi si le débiteur avait tué l'esclave ou lui avait crevé un œil? S'il l'a tué, il sera tenu de l'action en exhibition; s'il l'a rendu borgne, nous donnerons au créancier l'action utile du dommage causé à tort, pour le faire indemniser du préjudice qu'il éprouve par le fait du débiteur qui, en estropiant l'esclave ou en le mettant aux fers, en a diminué la valeur et a ainsi porté atteinte au droit de gage. Il faut supposer que le créancier n'a plus d'action à raison de sa créance, parce qu'il a, par exemple, encouru quelque déchéance ou forclusion (1); je pense que la chose n'est pas indigne de l'attention et de l'assistance du préteur. Ulpien fait là-dessus cette remarque : Si le débiteur a enchaîné l'esclave pour nuire au créancier, il sera tenu; s'il l'a ainsi puni parce qu'il le méritait, il ne sera pas tenu.

28. PAUL, *Questions*, *liv. III.*

Si, pour un legs conditionnel fait à un fils de famille, le père a reçu en gage de l'héritier une chose appartenant à celui-ci, et qu'après la mort du père ou l'émancipation du fils, la condition du legs s'accomplisse, le legs commence alors à être dû au fils, et le père ne pourra pas revendiquer le gage, non plus que le fils, qui ne commence qu'en ce moment à avoir une action pour son legs, et qui ne peut avoir acquis pendant le temps précédent aucun droit sur le gage donné à son père. Il en serait de même si l'héritier avait donné un fidéjusseur.

29. LE MÊME, *Réponses*, *liv. V.*

Paul a répondu qu'une convention générale suffit pour établir une hypothèque, mais que les choses qui n'ont jamais fait partie des biens du défunt, et qui ont

---

(1) V. le *Commentaire*.

herede ejus ex alia causa acquisita sunt, vindicari non posse a creditore testatoris.

§. 1. Si mancipia in causam pignoris ceciderunt, ea quoque, quæ ex his nata sunt, eodem jure habenda sunt. Quod tamen diximus, etiam adgnata teneri, sive specialiter de his convenerit, sive non, ita procedit, si dominium eorum ad eum pervenit, qui obligavit, vel heredem ejus. Ceterum si apud alium dominum pepererint, non erunt obligata.

§ 2. Domus pignori data exusta est, eamque aream emit Lucius Titius, et exstruxit. Quæsitum est de jure pignoris. Paulus respondit, pignoris persecutionem perseverare, et ideo jus soli superficiem secutam videri, id est cum jure pignoris; sed bona fide (1) possessores non aliter cogendos creditoribus ædificium restituere, quam (2) sumtus in exstructione (3) erogatos, quatenus pretiosior res facta est, reciperent.

§ 3. Si sciente et consentiente domino servus, ut omnia bona domini pignori obligata essent, convenit, ipsum quoque, qui cavit, obligatum esse pignoris jure.

30. IDEM *libro VI Responsorum.*

Periculum pignorum nominis venditi ad emtorem pertinere, si tamen probetur, eas res obligatas fuisse.

31. SCÆVOLA *libro I. Responsorum.*

Lex vectigali fundo dicta erat, ut si post certum

---

(1) Vulg. et Hal. : *bonæ fidei.*
(2) Vulg. inserit : *si.*
(3) Vulg. et Hal. : *in exstructionem.*

été ensuite acquises par l'héritier pour quelque autre cause, ne pourront pas être revendiquées par le créancier du testateur.

§ 1. Si des esclaves sont affectés d'une hypothèque, les enfants qui en naissent seront également hypothéqués. Cependant, quand nous avons dit que les enfants sont tenus, soit qu'il y ait eu convention spéciale à leur égard, soit qu'il n'y en ait pas eu, cela n'a lieu qu'autant que la propriété de ces enfants aurait été acquise à celui qui a constitué l'hypothèque, ou à son héritier. Mais si les esclaves appartenaient à un autre maître au moment où elles sont accouchées, les enfants ne seront pas obligés.

§ 2. Une maison donnée en gage a été brûlée; Lucius Titius a acheté le terrain et y a bâti. On a demandé ce qu'il fallait décider touchant le droit de gage? Paul a répondu que le droit de revendiquer le gage subsistait, et qu'ainsi le bâtiment suivrait la condition du sol, c'est-à-dire serait lui-même affecté du droit de gage, mais que les possesseurs de bonne foi ne seraient forcés de restituer l'édifice aux créanciers qu'autant que ceux-ci leur rembourseraient les frais faits pour les constructions, jusqu'à concurrence de l'augmentation de valeur.

§ 3. Si un esclave, à la connaissance et du consentement de son maître, est convenu que tous les biens de celui-ci seraient engagés, l'esclave lui-même qui a fait cette convention sera frappé du droit de gage.

30. Le même, *Réponses, liv. VI.*

Les gages affectés à une créance vendue sont aux risques de l'acheteur, pourvu qu'il soit prouvé que ces choses ont été véritablement engagées.

31. Scévola, *Réponses, liv. I.*

Un fonds avait été donné en emphytéose sous la

temporis vectigal solutum non esset, is fundus ad dominum redeat (1); postea is fondus a possessore pignori datus est. Quæsitum est : An recte pignori datus est (2)? Respondi, si pecunia intercessit, pignus esse. Item quæsiit (3), si quum in exsolutione vectigalis tam debitor quam creditor cessassent, et propterea pronuntiatum esset, fundum secundum legem domini esse, cujus potior causa esset? Respondit (4), si, ut proponeretur, vectigali non soluto, jure suo dominus usus esset, etiam pignoris jus evanuisse.

32. IDEM *libro V Responsorum.*

Debitor pactus est, ut quæcumque in prædia pignori data, inducta, invecta, importata, ibi nata paratave essent, pignori essent; eorum prædiorum pars sine colonis fuit, eaque actori suo colenda debitor ita tradidit, assignatis et servis culturæ necessariis. Quæritur, an et Stichus villicus, et ceteri servi ad culturam missi, et Stichi vicarii obligati essent? Respondit (5), eos duntaxat, qui hoc animo a domino inducti essent, ut ibi perpetuo essent, non temporis causa accommodarentur, obligatos.

33. TRYPHONINUS *libro VIII Disputationum.*

Is, qui promisit tibi aut Titio, solutum quidem Titio repetere non potest, sed pignus ei datum et ante solutionem recipit.

----

(1) Hal. : *rediret.*
(2) Hal. : *esset.*
(3) Vulg. et Hal. : *quæsitum est.*
(4) Vulg. et Hal. : *respondi.*
(5) Vulg. et Hal. : *respondi.*

clause que, si la redevance n'était pas payée pendant un certain temps, le fonds retournerait au maître. Ce fonds a été ensuite donné en gage par le possesseur. On a demandé s'il avait été valablement engagé. Le jurisconsulte a répondu que le gage est valable s'il y a eu réellement argent prêté. On a encore demandé qui aurait la préférence, dans le cas où le débiteur et le créancier seraient en demeure de payer la redevance, et où en conséquence le juge aurait prononcé que le fonds retournait au propriétaire, suivant la clause ci-dessus. Le jurisconsulte a répondu que, si, comme il était dit dans l'exposé, le maître avait usé de son droit, le droit de gage s'était évanoui.

32. Le même, *Réponses, liv. V.*

Un débiteur est convenu que tout ce qui serait introduit, amené, apporté dans les fonds donnés en gage, et tout ce qui y naîtrait, ou y aurait été fabriqué, serait engagé. Une partie de ces terres était sans fermier; le débiteur l'a donnée à cultiver à l'esclave chargé de la gestion de ses affaires en lui assignant en même temps les esclaves nécessaires à la culture. On demande si Stichus, directeur de l'exploitation, ainsi que les autres esclaves, envoyés pour les travaux de culture et les vicaires de Stichus, sont hypothéqués au créancier. Le jurisconsulte a répondu qu'il n'y a d'obligés que ceux-là seulement que le maître a introduits dans le fonds pour les y fixer à perpétuité, et non ceux qu'il voulait y employer pour un temps.

33. Tryphoninus, *Disputes, liv. VIII.*

Celui qui a promis à vous ou à Titius ne peut pas répéter ce qu'il aurait payé à Titius, mais il peut redemander, même avant le payement, le gage qu'il lui aurait donné.

34. Scævola *libro XXVII* (1) *Digestorum.*

Quum tabernam debitor creditori pignori dederit (2), quæsitum est, utrum eo facto nihil egerit, an tabernæ appellatione merces, quæ in ea erant, obligasse videatur ? et si eas merces per tempora distraxerit, et alias comparaverit, easque in eam tabernam intulerit, et decesserit, an omnia, quæ ibi deprehenduntur, creditor hypothecaria actione petere possit, quum et mercium species mutatæ sint, et res aliæ illatæ ? Respondit (3) : ea, quæ mortis tempore debitoris (4) in taberna inventa sunt, pignori obligata esse videntur.

§ 1. Idem quæsiit, quum epistola talis emissa sit (5) : Δανεισάμενος παρά σου δηνάρια πεντακόσια, παρεκάλεσά σε, μὴ βεβαιωτὴν, ἀλλ' ὑποδήκην παρ' ἐμοῦ λαβεῖν· οἶδας γὰρ ἀκριβῶς, ὅτι καὶ ἡ ταβέρνα καὶ οἱ δοῦλοί μου οὐδενὶ κατέχονται, ἤ σοι, καὶ ὡς εὐσχήμονι ἀνθρώπῳ ἐπίστευσας *, an pignus contractum sit, an vero ea epistola nullius momenti sit, quum sine die et consule sit ? Respondit, quum convenisse de pignoribus videtur (6), non idcirco obligationem pignorum cessare, quod dies et consules additi, vel tabulæ signatæ non sint.

---

(1) Hal. : *lib. XXXII.*

(2) Hal. : *dederat,* omisso *quum.*

(3) Hal. : *respondi.*

(4) Hal. : *mortis debitoris tempore.*

(5) Hal. omissis his : *idem quæsiit — emissa sit,* a græcis novam legem orditur, hac inscriptione præfixa : IDEM *lib. I quæstionum,* et addito post græca : *quæritur.*

(6) Hal. : *videatur.*

* *Mutuatus abs te quingentos denarios, rogavi ne sponsorem, sed pignus a me acciperes; exacte enim et pro certo nosti nemini alii tabernam servosque meos quam tibi esse obligatos, et quod tanquam honesto viro fidem habueris.*

34. Scévola, *Digeste*, *liv. XXVII*.

Un débiteur ayant donné sa boutique en gage à son créancier, on a demandé si par là il a fait un acte sans résultat, ou si, sous la dénomination de boutique, il est censé avoir obligé les marchandises qui y étaient ; et dans le cas où il aurait vendu successivement ces marchandises, et en aurait acheté d'autres qu'il aurait mises dans la boutique, et serait ensuite décédé, on demande si le créancier pourra réclamer par l'action hypothécaire tout ce qui s'y trouve, quoique les marchandises ne soient plus les mêmes et qu'on ait introduit d'autres choses. Le jurisconsulte a répondu que les marchandises qui se sont trouvées dans la boutique au temps de la mort du débiteur paraissent être hypothéquées au créancier.

§ 1. Une question s'est élevée à l'occasion d'une lettre ainsi conçue : « En empruntant de vous cinq cents deniers, je vous ai prié de ne point exiger de moi de fidéjusseur, mais de recevoir une hypothèque ; car vous savez positivement que ma boutique et mes esclaves ne sont obligés qu'envers vous, et vous avez eu confiance en moi comme en un homme d'honneur. » Y a-t-il là hypothèque constituée? ou bien cette lettre est-elle sans effet, comme n'étant pas datée? Le jurisconsulte a répondu que, comme on paraît bien être convenu d'une hypothèque, l'obligation n'est point nulle parce que l'écrit n'a pas été daté ni scellé.

§ 2. Creditor pignori accepit a debitore, quidquid in bonis habet (1) habiturusve esset. Quæsitum est, an corpora pecuniæ, quam idem debitor ab alio mutuam accepit, quum in bonis ejus facta sint, obligata creditori pignoris (2) esse cœperint? Respondit (3), cœpisse.

35. Labeo *libro I Pithanon* (4) *a Paulo epitomatorum.*

Si insula, quam tibi ex pacto convento licuit vendere, combusta est, deinde a debitore suo (5) restituta, idem in nova insula juris habes.

———

TITULUS II.

IN QUIBUS CAUSIS PIGNUS VEL HYPOTHECA TACITE CONTRAHITUR.

1. Papianianus *libro X Responsorum.*

Senatusconsulto, quod sub Marco imperatore factum est, pignus insulæ creditori datum, qui pecuniam ob restitutionem ædificii exstruendi mutuam dedit, ad eum quoque pertinebit, qui redemtori, domino mandante, nummos ministravit.

---

(1) Hal. : *haberet.*
(2) Hal. : *pignori.*
(3) Hal. : *respondi.*
(4) Hal. ‚ πειθανῶν.
(5) Vulg. et Hal. recte : *tuo.*

§ 2. Un créancier a reçu en gage de son débiteur tout ce qu'il a ou aura dans ses biens. On a demandé si les pièces de monnaie que le débiteur a empruntées d'un autre créancier, et qui sont ainsi entrées dans ses biens, sont réputées obligées au premier créancier. Le jurisconsulte a répondu qu'elles le sont.

35. LABÉON, *Opinions probables abrégées par Paul, liv. I.*

Si la maison que vous avez été autorisé à vendre par la convention d'hypothèque a été brûlée, et ensuite rebâtie par le débiteur, vous avez le même droit sur la nouvelle maison.

TITRE II.

DANS QUELS CAS LE GAGE OU L'HYPOTHÈQUE S'ÉTABLIT TACITEMENT.

1. PAPINIEN, *Réponses, liv. X.*

D'après le sénatus-consulte qui a été fait sous l'empereur Marc-Aurèle, l'hypothèque accordée au créancier sur la maison pour la reconstruction de laquelle il a prêté de l'argent appartiendra aussi à celui qui aura fourni l'argent à l'entrepreneur, sur le mandat du maître.

2. MARCIANUS *libro singulari ad Formulam hypothecariam.*

Pomponius libro quadragesimo (1) variarum Lectionum scribit : Non solum pro pensionibus, sed et si deteriorem habitationem fecerit culpa sua inquilinus, quo nomine ex locato cum eo erit actio, invecta et illata pignori erunt obligata.

3. ULPIANUS *libro LXXIII ad Edictum.*

Si horreum fuit (2) conductum, vel deversorium (3), vel area, tacitam conventionem de invectis et illatis etiam in his locum habere, putat Neratius. Quod verius est.

4. NERATIUS *libro I Membranarum.*

Eo jure utimur, ut quæ in prædia urbana inducta illata sunt, pignori esse credantur, quasi id tacite convenerit ; in rusticis prædiis contra observatur.

§ 1. Stabula, quæ non sunt in continentibus ædificiis, quorum prædiorum ea numero habenda sint ? dubitari potest. Et quidem urbanorum sine dubio non sunt, quum a ceteris ædificiis separata sint ; quod ad causam tamen talis (4) taciti pignoris pertinet, non multum ab urbanis prædiis differunt.

5. MARCIANUS *libro singulari ad Formulam hypothecariam.*

Pomponius libro tertio decimo variarum Lectionum scribit, si gratuitam habitationem conductor

---

(1) Hal. : *lib. decimo tertio.*
(2) Hal. *fuerit.*
(3) Hal. : *diversorium.*
(4) Apud Vulg. et Hal. abest *talis.*

2. MARCIEN, *Sur la Formule hypothécaire, liv. unique.*

Pomponius écrit au liv. XL de ses Leçons diverses :
Les meubles apportés par un locataire seront hypothéqués non-seulement pour les loyers, mais encore pour
l'indemnité des détériorations que le locataire aurait
causées par sa faute.

3. ULPIEN, *Sur l'Edit, liv. LXXIII.*

Nératius pense que la convention tacite d'hypothèque
sur les objets apportés par le locataire est admise
même quand c'est un magasin, une auberge ou un simple
emplacement qui a été loué. J'approuve cette opinion.

4. NÉRATIUS, *Feuilles, liv. I.*

C'est un principe suivi parmi nous que les meubles
apportés dans un fonds urbain sont réputés engagés,
comme s'il y avait convention tacite à ce sujet. Il en est
autrement dans les fonds rustiques.

§ 1. On peut douter dans quelle classe de fonds il
faut ranger les étables qui ne sont point contiguës aux
bâtiments. Elles ne sont point de la classe des fonds
urbains, puisqu'elles sont séparées des autres bâtiments.
Cependant, en ce qui concerne l'hypothèque tacite, elles
ne diffèrent pas beaucoup des fonds urbains.

5. MARCIEN, *Sur la Formule hypothécaire, liv. unique.*

Pomponius écrit, au livre XIII de ses Leçons diverses,
que, si un locataire m'accorde une habitation gratuite,

mihi præstiterit, invecta a me domino insulæ pignori non esse.

§ 1. Item illud, inquit, videndum est, voluntate domini induci pignus ita posse (1), ut in partem debiti est obligatum ?

§ 2. Si quis fidejubeat, quum res illius a debitore, pro quo fidejussit, pignori data sit, bellissime intelligitur, hoc ipso, quod fidejubeat, quodammodo mandare, res suas esse obligatas. Sane si postea sint ejus res hypothecæ datæ, non erunt obligatæ.

6. ULPIANUS *libro LXXIII ad Edictum.*

Licet in prædiis urbanis tacite solet conventum accipi, ut perinde teneantur invecta et illata, ac si specialiter convenisset, certe libertati hujusmodi pignus non officit. Idque et Pomponius probat; ait enim, manumissioni non officere ob habitationem obligatum.

7. POMPONIUS *libro XIII ex variis Lectionibus.*

In prædiis rusticis fructus, qui ibi nascuntur, tacite intelliguntur pignori esse domino fundi locati, etiamsi nominatim id non convenerit.

§ 1. Videndum est, ne non omnia illata vel inducta, sed ea sola, quæ, ut ibi sint, illata fuerint, pignori sint : Quod magis est.

8. PAULUS *libro II Sententiarum.*

Cum debitor gratuita pecunia utatur, potest creditor de fructibus rei sibi pignoratæ ad modum legitimum usuras retinere.

---

(1) Vulg. et Hal. : *an voluntate — ita possit.*

les effets que j'aurai apportés ne seront point hypothéqués au maître de la maison.

§ 1. On peut admettre aussi, dit-il, que le gage peut être établi par la volonté du maitre, de manière à n'être affecté qu'à une partie de la dette.

§ 2. Si quelqu'un se porte fidéjusseur, lorsqu'une chose à lui appartenant a été donnée en gage par le débiteur, par cela même qu'il cautionne, il autorise en quelque sorte l'engagement de sa chose ; mais si ses choses ont été hypothéquées après qu'il a cautionné, elles ne seront pas obligées.

6. ULPIEN, *Sur l'Edit, liv. LXXIII.*

Quoique relativement aux fonds urbains on ait coutume d'admettre une convention tacite par laquelle les meubles qui y sont apportés sont hypothéqués comme s'il y avait eu une convention spéciale, cependant un gage de ce genre n'est pas un obstacle à l'affranchissement. Pomponius approuve aussi cet avis ; car il dit qu'un esclave engagé pour le loyer d'une habitation n'en est pas moins valablement affranchi.

7. POMPONIUS, *Leçons diverses, liv. XIII.*

Dans les fonds rustiques, les fruits qui y naissent sont censés tacitement hypothéqués au maitre de l'immeuble loué, quand même il n'y aurait pas eu de convention expresse.

§ 1. Il faut examiner si l'hypothèque tacite frappe sur tous les meubles apportés par le locataire, ou seulement sur ceux qui ont été apportés pour rester dans la maison. C'est ce dernier avis qui est préférable.

8. PAUL, *Sentences, liv. II.*

Lorsqu'un débiteur se sert d'une somme d'argent gratuitement, le créancier peut retenir les intérêts au taux légitime, sur les fruits de la chose qui lui est engagée.

9. IDEM *libro singulari de officio Præfecti vigilum.*

Est differentia obligatorum propter pensionem, et eorum quæ ex conventione manifestarii (1) pignoris nomine tenentur, quod manumittere mancipia obligata pignori non possumus, inhabitantes autem manumittimus, scilicet antequam pensionis nomine percludamur (2) : tunc enim pignoris nomine retenta mancipia non liberabimus; et derisus (3) Nerva jurisconsultus qui per fenestram monstraverat servos detentos ob pensionem liberari posse.

10. SCÆVOLA *libro VI Digestorum.*

Tutoris heres cum herede pupilli transactione facta, quum ex ea majorem partem solvisset, in residuam quantitatem pignus obligavit. Quæsitum est, an in veterem contractum jure res obligata esset? Respondit (4), secundum ea, quæ proponerentur, obligatam esse.

TITULUS III.

QUÆ RES PIGNORI VEL HYPOTHECÆ DATÆ OBLIGARI NON POSSUNT.

1. MARCIANUS *libro singulari ad Formulam hypothecariam.*

Pupillus sine tutoris auctoritate hypothecam dare non potest.

§ **1.** Si filiusfamilias pro alio rem peculiarem obligaverit, vel servus, dicendum est, eam non te-

----

(1) Vulg. : *manifesta.* Hal. : *manifestaria.*

(2) Vulg. : *præcludantur.* Hal. : *præcludamur,* quod præferendum.

(3) Hal. addit : *est.*

(4) Hal. : *respondi.*

9. Le même, *Des fonctions du Préfet des gardes de nuit,*
liv. unique.

Il y a une différence entre les choses obligées tacitement pour un loyer et celles qui sont tenues en vertu
d'une convention expresse de gage; elle consiste en ce
que nous ne pouvons pas affranchir les esclaves expressément engagés, tandis que nous affranchissons valablement ceux qui sont engagés par le fait même de leur
habitation dans la maison louée, pourvu que ce soit
avant que les effets soient saisis pour le loyer ; car alors
nous ne pourrions pas donner la liberté aux esclaves
retenus à titre de gage. Et l'on s'est moqué du jurisconsulte Nerva qui avait dit qu'on pouvait donner par la fenêtre la liberté aux esclaves retenus pour les loyers.

10. Scévola, *Digeste, liv. VI.*

L'héritier du tuteur, ayant fait une transaction avec
l'héritier du pupille, a payé la majeure partie de la
somme qui y est portée, et a donné hypothèque pour le
reste. On a demandé si la chose était hypothéquée de
droit pour le contrat primitif. Le jurisconsulte a répondu que, d'après les faits exposés, elle l'était.

TITRE III.

DES CHOSES QUI NE PEUVENT PAS ÊTRE VALABLEMENT ENGAGÉES
OU HYPOTHÉQUÉES.

1. Marcien, *Sur la Formule hypothécaire, liv. unique.*

Un pupille ne peut point donner d'hypothèque sans
l'autorisation de son tuteur.

§ 1. Si un fils de famille ou un esclave a obligé une

neri, licet liberam peculii sui administrationem habeant, sicut nec donare eis conceditur; non enim usquequaque habent liberam administrationem. Facti tamen est quæstio, si quæratur, quousque eis permissum videatur, peculium administrare?

§ 2. Eam rem, quam quis emere non potest, quia commercium ejus non est, jure pignoris accipere non potest, ut divus Pius Claudio Saturnino rescripsit. Quid ergo, si prædium quis litigiosum pignori acceperit? an exceptione summovendus sit? Et Octavenus putabat etiam in (1) pignoribus locum habere exceptionem. Quod (2) ait Scævola libro tertio variarum Quæstionum procedere, ut (3) in rebus mobilibus exceptio locum habeat.

2. GAIUS *libro singulari de Formula hypothecaria.*

Si alius (4) pro muliere, quæ intercessit, dederit hypothecam, aut pro filiofamilias, cui contra senatus-consultum creditum est, an his succurritur (5)? quæritur. Et in eo quidem, qui pro muliere obligavit rem suam, facilius dicetur, succurri ei, sicuti fidejussori (6) hujus mulieris eadem datur exceptio. Sed et (7) in eo, qui pro filiofamilias rem suam obligavit, eadem dicenda erunt, quæ tractantur et in fidejussore ejus.

3. PAULUS *libro III Quæstionum.*

Aristo Neratio Prisco scripsit : Etiam si ita con-

(1) Hal. inserit : *his.*
(2) Hal. inserit : *ita.*
(3) Hal. inserit : *et.*
(4) Hal.: *aliquis.*
(5) Hal. : *succurratur.*
(6) Hal.: *sicut et fidejussori mulieris.*
(7) Apud Vulg. et Hal., *et* abest.

chose de son pécule pour un autre, il faut dire qu'elle ne sera point engagée, quoiqu'il ait la libre administration de son pécule, de même qu'il ne lui est pas permis de faire une donation; car il n'a pas cette libre administration d'une manière indéfinie. Cependant c'est une question de fait de savoir jusqu'où s'étend la permission qui lui a été accordée d'administrer son pécule.

§ 2. On ne peut pas recevoir en gage une chose qu'on ne peut pas acheter, parce qu'elle n'est pas dans le commerce, comme il est décidé par un rescrit d'Antonin le Pieux à Claudius Saturninus. Qu'arrivera-t-il donc si quelqu'un reçoit en gage un fonds litigieux? Sera-t-il repoussé par une exception? Octavénus pensait que l'exception devait avoir lieu même pour les gages. Scévola, au livre III de ses Leçons diverses, dit que cette opinion doit recevoir de l'extension et que l'exception devra avoir lieu même pour les choses mobilières.

2. GAIUS, *Sur la Formule hypothécaire, liv. unique.*

Si quelqu'un a donné une hypothèque pour une femme qui s'est obligée pour autrui, ou pour un fils de famille qui a emprunté contre la disposition du sénatus-consulte Macédonien, on demande si l'on viendra à son secours. A l'égard de celui qui a obligé sa chose pour une femme, on admettra plus facilement qu'il sera secouru, de même qu'on donne l'exception au fidéjusseur de cette femme. Mais, quant à celui qui a engagé sa chose pour le fils de famille, il faudra dire de lui ce qu'on déciderait relativement au fidéjusseur de ce fils de famille (1).

3. PAUL, *Questions, liv. III.*

Ariston a écrit à Nératius Priscus que, quand même

---

(1) V. le *Commentaire.*

4

tractum sit, ut antecedens dimitteretur, non aliter in jus pignoris succedet, nisi convenerit, ut sibi eadem res esset obligata : neque enim in jus primi (1) succedere debet, qui ipse nihil convenit de pignore ; quo casu emtoris causa melior efficietur. Denique si antiquior creditor de pignore vendendo cum debitore pactum interposuit, posterior autem creditor de distrahendo omisit, non per oblivionem, sed quum hoc ageretur, ne posset vendere, videamus, an dici possit, huc usque transire ad eum jus prioris, ut distrahere pignus huic (2) liceat ? Quod admittendum existimo : sæpe enim, quod quis ex sua persona non habet, hoc per extraneum petere (3) potest.

4. IDEM *libro V Responsorum.*

Titius, quum mutuam pecuniam accipere vellet a Mævio, cavit ei, et quasdam res hypothecæ nomine dare destinavit ; deinde, postquam quasdam ex his rebus vendidisset, accepit pecuniam. Quæsitum est, an et prius res venditæ creditori tenerentur ? Respondit, quum in potestate fuerit debitoris, post cautionem interpositam pecuniam non accipere, eo tempore pignoris obligationem contractam videri, quo pecunia numerata est, et ideo inspiciendum, quas res in bonis debitor numeratæ pecuniæ tempore habuerit.

---

(1) Vulg. et Hal.: *pignoris*

(2) Hal. : *ei.*

(3) Hal. : *habere,* et ita in cod. Flor. repositum loco *petere,* et habet Taur. in margine.

quelqu'un prêterait de l'argent, à condition que le débiteur l'emploierait à satisfaire un précédent créancier, il ne succéderait cependant au droit de gage de celui-ci, qu'autant qu'il serait convenu lui-même que la même chose lui serait engagée : car celui qui n'a fait lui-même aucune convention de gage, ne doit pas succéder au droit du premier ; et alors l'acheteur sera préféré. Au reste, si le créancier plus ancien a fait, avec le débiteur, un pacte sur la faculté de vendre le gage, et que le créancier postérieur ait omis de faire un pacte semblable, non par oubli, mais parce que l'intention des parties était qu'il ne pourrait pas vendre le gage, voyons si l'on pourra dire que le droit du premier lui sera transmis à tel point qu'il lui soit permis de vendre le gage. Je pense qu'il faut l'admettre ; car il arrive souvent qu'on obtienne par un étranger une faculté qu'on n'aurait pas de son propre chef.

4. LE MÊME, *Réponses*, liv. *V.*

Titius voulant emprunter de l'argent de Mévius, lui a fait une promesse, et a déclaré qu'il lui donnait à titre d'hypothèque certaines choses. Ensuite, après avoir vendu quelques-unes de ces choses, il a reçu l'argent. On a demandé si les choses vendues auparavant seraient aussi hypothéquées au prêteur. Le jurisconsulte a répondu que, comme il est resté au pouvoir du débiteur, après avoir fait sa promesse, de ne pas recevoir l'argent, l'obligation du gage ne paraît contractée qu'au moment où l'argent a été compté, et en conséquence il faut examiner quelles choses le débiteur avait dans ses biens au moment où il a touché l'argent.

5. IDEM *libro V Sententiarum.*

Creditor, qui sciens filiumfamilias a parente pignori accepit, relegatur.

TITULUS IV.

QUI POTIORES IN PIGNORE VEL HYPOTHECA HABEANTUR, ET DE IIS, QUI IN PRIORUM CREDITORUM LOCUM SUCCEDUNT.

1. PAPINIANUS *libro VIII Quæstionum.*

Qui dotem pro muliere promisit, pignus sive hypothecam de restituenda sibi dote accepit; subsecuta deinde pro parte numeratione, maritus eamdem rem pignori alii dedit; mox residuæ quantitatis numeratio impleta est. Quærebatur de pignore? Quum ex causa promissionis ad universæ quantitatis exsolutiőnem, qui dotem promisit, compellitur, non utique solutionum observanda sunt tempora, sed dies contractæ obligationis, nec probe dici (1) in potestate ejus esse, ne pecuniam residuam redderet, ut minus dotata mulier esse videatur.

§ 1. Alia causa est ejus, qui pignus accepit ad eam summam, quam intra diem certum numerasset, ac forte prius, quam numeraret, alii res pignori data est.

2. IDEM *libro III Responsorum.*

Qui generaliter bona debitoris pignori accepit, eo potior est, cui postea prædium ex his bonis (2)

---

(1) Hal. : *nec dici potest.*

(2) In cod. Flor. hic per correctionem suppleta est vox *pignori,* quam Taur. neglexit. Habent tamen omnes editores.

5. Le même, *Sentences, liv. V.*

Un créancier qui, sciemment, reçoit du père un fils de famille en gage, est puni de la relégation.

TITRE IV.

DE LA PRÉFÉRENCE ENTRE LES CRÉANCIERS GAGISTES OU HYPOTHÉCAIRES, ET DE CEUX QUI SUCCÈDENT A LA PLACE DES PREMIERS CRÉANCIERS.

1. Papinien, *Questions, liv. VIII.*

Quelqu'un avait promis une dot pour une femme, et s'était fait donner un gage ou une hypothèque pour s'en assurer la restitution. Une partie de la dot ayant ensuite été comptée au mari, celui-ci a donné la même chose en gage à un autre; ensuite il a touché le restant de la dot. On a demandé quel était le sort du gage. Comme celui qui a promis la dot est forcé, en vertu de sa promesse, à en payer tout le montant, il ne faut point prendre en considération les époques des payements, mais le jour où l'obligation a été contractée; et l'on ne peut pas dire qu'il est en son pouvoir de ne pas payer le reste de la somme, car alors la dot serait diminuée au préjudice de la femme.

§ 1. Il en est autrement de celui qui a reçu un gage pour la somme qu'il prêterait avant un certain terme, quand cette chose a été engagée à un autre, avant qu'il ait compté l'argent.

2. Le même, *Réponses, liv. III.*

Celui qui a reçu une hypothèque générale sur tous les biens du débiteur, est préférable à celui à qui un fonds faisant partie de ces biens aura été depuis spécialement

datur, quamvis ex ceteris pecuniam suam redigere possit. Quod si ea conventio prioris fuit, ut ita demum cetera bona pignori haberentur, si pecunia de his, quæ generaliter (1) accepit, servari non potuisset, deficiente secunda conventione, secundus creditor in pignore postea dato non tam potior, quam solus invenietur.

3. IDEM *libro XI Responsorum.*

Creditor acceptis pignoribus, quæ secunda conventione secundus creditor accepit, novatione postea facta, pignora prioribus addidit (2). Superioris temporis ordinem manere primo creditori placuit, tanquam in suum locum succedenti.

§ 1. Quum ex causa mandati prædium Titio, cui (3) negotium fuerat gestum, deberetur, prius, quam ei possessio traderetur, id pignori dedit; post traditam possessionem idem prædium alii denuo pignori dedit. Prioris causam esse potiorem apparuit, si non creditor secundus pretium ei, qui negotium gesserat, solvisset; verum in ea quantitate, quam solvisset, ejusque usuris, potiorem fore constaret (4), nisi forte prior ei pecuniam offerat; quod si debitor aliunde pecuniam solvisset, priorem præferendum.

§ 2. Post divisionem regionibus factam inter fratres convenit, ut, si frater agri portionem pro indiviso pignori datam a creditore suo non liberasset, ex

---

(1) Hal. : *specialiter,* et in margine : *alias, generaliter.*

(2) Hal. : *creditor pignora acceperat, ea novatione facta postea prioribus addidit.*

(3) Vulg. et Hal. : *cujus.*

(4) Hal. : *constitit.*

hypothéqué, quand même le premier créancier pourrait recouvrer son argent sur les autres biens. Que si la convention faite avec le premier créancier a été que certains biens ne lui seraient engagés qu'autant qu'il ne pourrait pas se payer entièrement sur les autres biens, cette condition venant à défaillir, le second créancier se trouverait, sur les biens réservés qui lui ont été affectés depuis, plutôt créancier unique que créancier préféré.

3. LE MÊME, *Réponses, liv. XI.*

Un créancier a reçu en gage des choses que le débiteur, par une nouvelle convention, hypothèque à un second créancier. Le premier créancier, faisant ensuite novation, fait ajouter de nouveaux gages (1) aux premiers. On a décidé qu'il conserverait le rang de créancier plus ancien, comme se succédant à lui-même.

§ 1. Un fonds était dû à Titius par un mandataire qui l'avait acheté pour lui : avant que la possession lui en fût livrée, Titius l'a hypothéqué; ensuite, après en avoir reçu la possession, il l'a de nouveau hypothéqué à un autre. Le premier a paru devoir être préféré, si le second créancier n'a point payé le prix d'acquisition au fondé de pouvoir; mais pour la somme qu'il aurait payée à celui-ci et pour les intérêts, il est constant que le second créancier aurait la préférence, à moins que le premier créancier ne lui offrît son remboursement. Que si le débiteur a payé d'ailleurs le prix d'acquisition, le premier créancier sera préféré.

§ 2. Deux frères, après avoir partagé entre eux une pièce de terre par régions séparées, sont convenus que, si l'un d'eux qui avait hypothéqué sa portion indivise du fonds, ne la libérait pas en satisfaisant son créancier, l'autre pourrait vendre la moitié de la portion échue à

. (1) Hulot ajoute mal à propos : *que son débiteur venait de libérer des mains d'un autre créancier à qui ils étaient obligés auparavant.*

divisione quæsitæ partis partem dimidiam alter distraheret. Pignus intelligi contractum existimavi, sed priorem secundo non esse potiorem, quoniam secundum pignus ad eam partem directum videbatur, quam ultra partem suam frater non consentiente socio non potuit obligare.

4. Pomponius *libro XXXV ad Sabinum.*

Si debitor ante, quam a priore creditore pignus liberaret, idem illud ob pecuniam creditam alii pignori dedisset, et ante, quam utrique creditori solveret debitum, rem aliam priori creditori vendiderat (1), creditumque pensaverit (2) cum pretio rei venditæ, dicendum est, perinde haberi debere, ac si priori creditori pecunia soluta esset; nec enim interesse solverit (3), an pensaverit; et ideo posterioris creditoris causa est potior.

5. Ulpianus *libro III Disputationum.*

Interdum posterior (4) potior est priori; utputa si in rem istam conservandam impensum est, quod sequens credidit, veluti si navis fuit obligata, et ad armandam eam rem (5) vel reficiendam ego credidero.

6. Idem *libro LXXIII (6) ad Edictum.*

Hujus enim pecunia salvam fecit totius pignoris

---

(1) Vulg. : *vendiderit,* quod præferendum.
(2) Hal. : *pensaverat.* Vulg. : *compensaverit.*
(3) Hal. : *nec enim interest, exsolverit.*
(4) Vulg. inserit : *creditor.*
(5) Apud Vulg., Hal., omnes, *rem* abest. In cod. Flor. ea vox uncis inclusa est, in notam deletionis.
(6) Hal. : *lib. XXIII.*

son frère par le partage. J'ai pensé qu'il y avait là une constitution d'hypothèque; mais que le premier créancier n'était point préférable au second, parce que la seconde hypothèque, accordée au frère, paraissait affecter, dans la moitié échue à l'autre frère, la partie que celui-ci n'avait pu valablement obliger, sans le consentement du copropriétaire, comme excédant sa part indivise.

4. POMPONIUS, *Sur Sabinus, liv. XXXV.*

Si un débiteur, avant de libérer son gage d'un premier créancier, l'oblige à un autre pour argent prêté, et qu'avant de payer aucun des deux créanciers, il vende une autre chose au premier, et compense la somme empruntée avec le prix de la vente, il faut dire qu'il en sera de même que si le premier créancier eût été payé : car peu importe qu'il y ait eu payement ou compensation. En conséquence, le second créancier occupera le premier rang.

5. ULPIEN, *Disputes, liv. III.*

Quelquefois le second créancier est préférable au premier; par exemple, si l'argent prêté par le second créancier a été dépensé pour conserver la chose; ainsi un navire était hypothéqué, et j'ai prêté pour l'armer ou le radouber.

6. LE MÊME, *Sur l'Edit., liv. LXXIII.*

En effet, c'est l'argent du dernier qui a sauvé le gage pour tous. On pourrait étendre cette décision au cas où

causam. Quod poterit quis admittere, et si in cibaria nautarum fuerit creditum, sine quibus navis salva pervenire non poterat.

§ 1. Item si quis in merces sibi (1) obligatas crediderit, vel ut salvæ fiant, vel ut naulum exsolvatur, potentior erit, licet posterior sit; nam et ipsum naulum potentius est.

§ 2. Tantumdem dicetur, et si merces horreorum, vel areæ, vel vecturæ jumentorum debetur; nam et hic potentior erit.

7. Idem *libro III Disputationum.*

Idemque est, si ex nummis pupilli fuerit res comparata. Quare si duorum pupillorum nummis res fuerit comparata, ambo in pignus concurrent pro his portionibus, quæ in pretium rei fuerint expensæ. Quod si res non in totum ex nummis cujusdam comparata est, erit concursus utriusque creditoris, id est et antiquioris, et ejus, cujus nummis comparata est.

§ 1. Si tibi quæ habiturus sum obligaverim, et Titio specialiter fundum, si in dominium meum pervenerit, mox dominium ejus acquisiero, putat Marcellus, concurrere utrumque creditorem et (2) in pignore. Non enim multum facit, quod de suo nummos debitor dederit, quippe quum res ex nummis pignoratis emta non sit pignorata ob hoc solum, quod pecunia pignorata erat.

8. Idem *libro VII Disputationum.*

Si pignus specialiter respublica acceperit, dicendum

---

(1) Apud. Hal. *sibi* abest.
(2) Apud Vulg. et Hal. *et* abest.

un emprunt a été fait pour nourrir les matelots, sans lesquels le navire ne pouvait pas arriver à bon port.

§ 1. De même, si un créancier prête sur des marchandises hypothéquées, soit pour les sauver, soit pour payer le nolis, il sera préférable, quoique postérieur en date ; car le nolis lui-même est préféré.

§ 2. Il en faut dire autant du loyer des magasins ou d'un emplacement, ou des frais de transport par voiture ou bêtes de somme ; car le payement s'en fait aussi par préférence.

7. LE MÊME, *Disputes, liv. III.*

Il en est de même si une chose a été achetée des deniers d'un pupille. C'est pourquoi, si la chose a été achetée des deniers de deux pupilles, tous deux concourront pour leur droit de gage en proportion de la part pour laquelle chacun a contribué à l'acquittement du prix. Que si la chose n'a point été achetée en entier de l'argent d'un créancier, il y aura concours entre les deux créanciers, savoir : le plus ancien et celui des deniers duquel la chose a été achetée.

§ 1. Si je vous ai hypothéqué tout ce que je dois acquérir, et que j'aie hypothéqué spécialement à Titius un fonds, si j'en deviens propriétaire ; que j'acquière ensuite la propriété de ce fonds, Marcellus pense que les deux créanciers concourront pour leur gage. Car la circonstance que le débiteur a payé de ses deniers est peu importante, puisqu'une chose acquise avec des deniers engagés à un créancier ne lui est pas engagée par cela seul que l'argent était engagé.

8. LE MÊME, *Disputes, liv. VII.*

Si une cité a reçu spécialement une chose en gage, il faut dire qu'elle doit être préférée au fisc, si le débiteur

est, præferri eam fisco debere, si postea fisco debitor obligatus est, quia et privati præferuntur.

9. AFRICANUS *libro VIII Quæstionum.*

Qui balneum ex Kalendis proximis conduxerat, pactus erat, ut homo Eros pignori locatori esset, donec mercedes solverentur. Idem ante Kalendas Julias eumdem Erotem alii ob pecuniam creditam pignori dedit. Consultus, an adversus hunc creditorem, petentem Erotem, locatorem Prætor tueri deberet? respondit (1), debere; licet enim eo tempore homo pignori datus esset, quo nondum quidquam pro conductione deberetur, quoniam tamen jam tunc in ea causa Eros esse cœpisset, ut invito locatore jus pignoris in eo solvi non posset, potiorem ejus causam habendam.

§ 1. Amplius etiam sub conditione creditorem tuendum putabat adversus eum, cui postea quidquam deberi cœperit, si modo non ea conditio sit, quæ invito debitore impleri non possit.

§ 2. Sed et si heres ob ea legata, quæ sub conditione data erant, de pignore rei suæ convenisset, et postea eadem ipsa pignora ob pecuniam creditam pignori dedit, ac post conditio legatorum exstitit, hic quoque tuendum eum, cui prius pignus datum esset, existimavit.

§ 3. Titia prædium alienum Titio pignori dedit, post Mævio; deinde domina ejus pignoris facta, marito suo in dotem æstimatum dedit. Si Titio soluta sit pecunia, non ideo magis Mævii pignus convalescere placebat; tunc enim priore dimisso sequentis

---

(1) Hal. : *respondi;* et infra § 1, *putabam;* § 2, *existimavi.*

ne s'est obligé envers le fisc que postérieurement, parce que les particuliers même sont préférés dans ce cas.

9. AFRICANUS, *Questions, liv. VIII.*

Quelqu'un ayant pris à bail une maison de bains à partir des calendes prochaines, était convenu que l'esclave Éros serait engagé au locateur, jusqu'au payement des loyers. Le même débiteur, avant les calendes du juillet, avait donné en gage ce même Éros à un autre créancier pour l'argent qu'il avait emprunté de lui. Consulté sur la question de savoir si le préteur devait protéger le locateur contre la demande que ce créancier ferait de l'esclave Éros, le jurisconsulte a répondu que le locateur serait protégé ; en effet, bien que l'esclave ait été engagé dans un temps où rien n'était encore dû pour la location, cependant, comme dès ce moment l'esclave Éros était dans une position telle, que le droit de gage auquel il avait été affecté ne pouvait être résolu sans le consentement du locateur, ce dernier doit être considéré comme préférable.

§ 1. Le jurisconsulte allait plus loin et pensait que le créancier conditionnel devait être protégé contre le créancier postérieur dont la créance serait pure et simple, pourvu que la condition ne soit pas telle qu'elle ne puisse s'accomplir sans la volonté du débiteur.

§ 2. Pareillement, si un héritier a engagé une chose qui lui appartient pour sûreté de legs conditionnels; qu'il ait ensuite hypothéqué la même chose pour de l'argent qu'il a emprunté, et qu'ensuite la condition des legs se soit accomplie, le jurisconsulte a pensé encore que les légataires à qui le gage a été donné d'abord doivent être protégés par le préteur.

§ 3. Titia a engagé à Titius un fonds qui ne lui appartenait pas, ensuite elle l'a engagé à Mévius; puis, étant devenue propriétaire de ce fonds, elle l'a donné en dot à

confirmatur pignus, quum res in bonis debitoris inveniatur ; in proposito autem maritus emtoris loco est, atque ideo, quia neque tunc, quum Mævio obligaretur, neque quum Titio solveretur, in bonis mulieris fuerit, nullum tempus inveniri, quo pignus Mævii convalescere possit. Hæc tamen ita, si bona fide in dotem æstimatum prædium maritus accepit, id est si ignoravit Mævio obligatum esse.

10. ULPIANUS *libro I Responsorum.*

Si et jure judicatum, et pignus in causa (1) judicati ex auctoritate ejus, qui jubere potuit, captum est, privilegiis temporis fore potiorem heredem ejus (2), in cujus persona (3) pignus constitutum est.

11. GAIUS *libro singulari de Formula hypothecaria.*

Potior est in pignore, qui prius credidit pecuniam, et accepit hypothecam, quamvis cum alio ante convenerat, ut, si ab eo pecuniam acceperit, sit res obligata, licet ab hoc postea accepit (4); poterat enim, licet ante convenit, non accipere ab eo pecuniam.

§ 1. Videamus, an idem dicendum sit, si, sub conditione stipulatione facta, hypotheca data sit, qua pendente alius credidit pure, et accepit eamdem hypothecam, tunc deinde prioris stipulationis exsistat conditio, ut potior sit, qui postea credidisset?

---

(1) Vulg. : *causam.*

(2) Vulg. : *potior est heres ejus.* Hal. : *fortior est heres ejus.*

(3) Vulg., Hal. : *personam.*

(4) Hal. : *ut, si ab eo pecuniam accepisset, res esset obligata, et ab hoc postea acceperat.*

son mari avec estimation. Si Titius est payé, on était d'avis que le gage de Mévius n'en était pas plus valable. Car, après que le premier créancier est satisfait, le gage du second créancier n'est confirmé qu'autant que la chose se trouve alors dans les biens du débiteur. Or, dans le cas proposé, le mari tient la place d'un acheteur ; et, par conséquent, comme la chose n'était dans les biens du débiteur, ni lorsqu'elle a été engagée à Mévius, ni lorsque Titius a été payé, on ne peut trouver aucun temps où le gage de Mévius ait pu s'établir valablement. Toutefois, il n'en est ainsi qu'autant que le mari était de bonne foi en recevant ce fonds en dot avec estimation, c'est-à-dire, s'il ignorait qu'il était engagé à Mévius.

10. ULPIEN, *Réponses, liv. I.*

Si un jugement a été régulièrement rendu, et qu'en exécution de ce jugement un gage ait été pris de l'autorité de celui qui a le droit de l'ordonner, l'héritier de celui à qui le même objet aurait été engagé d'abord sera préféré à raison du privilége attaché à l'antériorité de temps.

11. GAIUS, *De la Formule hypothécaire, liv. unique.*

Le créancier qui a le premier prêté l'argent et reçu une hypothèque est préféré, quoique le débiteur fût convenu auparavant avec un autre que, si celui-ci lui prêtait telle somme, la même chose lui serait hypothéquée, et qu'il eût reçu depuis cette somme ; car, malgré cette convention antérieure, le débiteur restait maître de ne pas recevoir de lui cet argent.

§ 1. Faut-il en dire autant si, une stipulation ayant été faite sous condition, une hypothèque a été donnée; qu'ensuite, avant l'événement de cette condition, un autre ait prêté purement et simplement, et ait reçu hypothèque sur la même chose; et qu'enfin la condition de la première stipulation s'accomplisse? le dernier créancier

Sed vereor, num hic aliud sit dicendum; quum enim semel conditio exstitit, perinde habetur, ac si illo tempore, quo stipulatio interposita est, sine conditione facta esset ; quod et melius est.

§ 2. Si colonus convenit, ut inducta in fundum, illata, ibi nata pignori essent, et antequam inducat, alii rem hypothecæ nomine obligaverit, tunc deinde eam in fundum induxerit, potior erit, qui specialiter pure accepit, quia non ex conventione priori obligatur, sed ex eo, quod inducta res est, quod posterius factum est.

§ 3. Si de futura re convenerit, ut hypothecæ sit, sicuti est de partu, hoc quæritur : an ancilla conventionis tempore in bonis fuit debitoris? Et in fructibus, si convenit, ut sint pignori, æque quæritur, an fundus, vel jus utendi fruendi conventionis tempore fuerit debitoris ?

§ 4. Si paratus est posterior creditor priori creditori solvere, quod ei debetur, videndum est, an competat ei hypothecaria actio, nolente priore creditore pecuniam accipere? Et dicimus, priori creditori inutilem esse actionem, quum per eum fiat, ne ei pecunia solvatur.

12. MARCIANUS *libro singulari ad Formulam hypothecariam.*

Creditor qui prior hypothecam accepit, sive possideat eam, et alius vindicet hypothecaria actione, exceptio priori utilis est : *si non mihi ante pignoris hypothecæve nomine sit res obligata;* sive alio possidente, prior creditor vindicet hypothecaria actione, et ille excipat : *si non convenit, ut sibi res sit obligata,* hic in modum supra relatum replicabit. Sed si cum

sera-t-il préféré? Mais je suis porté à croire qu'il faut décider ici autrement; car une fois que la condition est arrivée, c'est comme si la stipulation avait été faite dans le principe sans condition. C'est l'avis préférable.

§ 2. Si un fermier est convenu que les choses qui seraient amenées ou apportées dans le fonds, ou qui y naîtraient, seraient engagées, et qu'avant d'y apporter une certaine chose, il l'ait hypothéquée à un autre, et l'ait ensuite introduite dans le fonds, la préférence appartiendra à celui qui a reçu une hypothèque spéciale et non conditionnelle, parce que les meubles du fermier ne sont point engagés en vertu de la première convention, mais par le fait de leur introduction dans le fonds, qui a eu lieu postérieurement à la constitution de l'hypothèque spéciale.

§ 3. S'il est convenu qu'une chose future, par exemple l'enfant qui naîtra d'une esclave, sera hypothéquée, on examinera si l'esclave était dans les biens du débiteur au moment de la convention; et, relativement aux fruits, s'il a été convenu qu'ils seraient engagés, on examinera aussi si le fonds ou le droit d'usufruit sur le fonds appartenait au débiteur au temps de la convention.

§ 4. Si le créancier postérieur est prêt à payer au créancier antérieur ce qui lui est dû, il faut voir s'il aura l'action hypothécaire, quand celui-ci refuse de recevoir l'argent. Nous dirons que l'action hypothécaire devient inutile au premier créancier, puisqu'il ne tient qu'à lui d'être payé.

12. MARCIEN, *Sur la Formule hypothécaire, liv. unique.*

Si le créancier qui a le premier reçu une hypothèque, possède la chose hypothéquée, et qu'un autre la revendique par l'action hypothécaire, il pourra opposer utilement à celui-ci cette exception : « Si la chose ne m'a pas été engagée ou hypothéquée antérieurement. » Si un autre possédant la chose, le premier créancier la

alio possessore creditor secundus agat, recte aget, et adjudicari ei poterit hypotheca, ut tamen prior cum eo agendo auferat ei rem.

§ 1. Si, quoniam non restituebat rem pignoratam possessor, condemnatus ex præfatis modis litis æstimationem exsolverit; an perinde secundo creditori teneatur, ac si soluta sit pecunia priori creditori? quæritur. Et recte puto hoc admittendum esse.

§ 2. Si primus, qui sine hypotheca credidit, post secundum, qui utrumque fecit, ipse hypothecam accepit, sine dubio posterior in hypotheca est. Unde si in diem de hypotheca convenit, dubium non est, quin potior sit, licet ante diem cum alio creditore pure de eadem re convenit.

§ 3. Si idem bis, id est ante secundum et post eum crediderit, in priore pecunia potior est secundo, in posteriore tertius est.

§ 4. Si tecum de hypotheca paciscatur debitor, deinde idem cum alio tua voluntate, secundus potior erit; pecunia autem soluta secundo, an rursus teneatur tibi? recte quæritur. Erit autem facti quæstio agitanda, quid inter eos actum sit, utrum ut discedatur ab hypotheca in totum, quum (1) prior concessit creditor alii obligari hypothecam, an ut ordo servetur, et prior creditor secundo loco constituatur?

---

(1) In cod. Flor. *quum* abest, sed supplendum est.

revendique par l'action hypothécaire, et que l'autre oppose l'exception, « S'il n'est pas convenu que la chose lui serait engagée, » il répliquera de la manière ci-dessus indiquée. Mais si le second créancier agit contre un autre possesseur, il agira bien ; et, son hypothèque étant reconnue, il pourra être mis en possession de la chose hypothéquée, de manière cependant que le premier créancier, en agissant contre lui, pourra la lui enlever.

§ 1. Si le possesseur de la chose hypothéquée, ne la restituant pas, a été condamné et a payé l'estimation de la chose déterminée par l'un des modes ci-dessus rapportés, sera-t-il exposé à l'action hypothécaire du second créancier, comme si le montant de la dette avait été payé au premier créancier? Je pense qu'il faut le décider ainsi.

§ 2. Un premier créancier a prêté de l'argent sans hypothèque ; un second en a prêté aussi, mais avec hypothèque ; ensuite le premier reçoit hypothèque sur la même chose ; son hypothèque sera indubitablement postérieure. Conséquemment, si un premier créancier est convenu qu'une chose lui serait hypothéquée à partir d'un certain jour, il n'est pas douteux qu'il ne soit préférable, quoique avant le terme fixé le débiteur ait hypothéqué la chose purement à un second créancier.

§ 3. Si le même créancier prête deux fois, savoir : avant et après un second créancier, il sera préférable au second créancier pour la première somme, mais il sera au troisième rang pour la seconde.

§ 4. Si un débiteur vous accorde une hypothèque, et qu'ensuite il hypothèque la même chose à un autre avec votre consentement, ce second créancier vous sera préféré. Mais, le second créancier ayant reçu son payement, on demande si la chose restera hypothéquée au premier. Ce sera une question de fait : il faudra examiner quelle a été l'intention des parties, si le premier créancier, en permettant au débiteur d'hypothéquer la

§ 5. Papinianus libro undecimo respondit, si prior creditor, postea novatione facta, eadem pignora cum aliis accepit, in suum locum eum succedere; sed si secundus non offerat pecuniam, posse priorem vendere, ut primam tantum pecuniam expensam ferat, non etiam quam postea credidit, et quod superfluum ex anteriore credito accepit, hoc secundo restituat.

§ 6. Sciendum est, secundo creditori rem teneri etiam invito debitore, tam in suum debitum, quam in primi creditoris, et in usuras suas, et quas primo creditori solvit. Sed tamen usurarum, quas creditori primo solvit, usuras non consequetur; non enim negotium alterius gessit, sed magis suum; et ita Papinianus libro tertio Responsorum scripsit, et verum est.

§ 7. Si simpliciter convenisset secundus creditor de hypotheca, ab omni possessore eam auferre poterit, præter priorem creditorem, et qui ab eo emit.

§ 8. A Titio mutuatus, pactus est cum illo, ut ei prædium suum pignori hypothecæve esset; deinde mutuatus est pecuniam a Mævio, et pactus est cum eo, ut, si Titio desierit prædium teneri, ei teneatur; tertius deinde aliquis dat mutuam pecuniam tibi (1), ut Titio solveres (2), et paciscitur tecum (3), ut idem prædium ei (4) pignori hypothecæve sit, et locum ejus subeant (5); num hic medius tertio potior est, qui pactus est, ut, Titio soluta pecunia, impleatur

---

(1) Apud Hal., *tibi* abest.
(2) Hal. : *solveret.*
(3) Apud Hal., *tecum* abest.
(4) Hal. : *sibi.*
(5) Hal. : *subeat.*

même chose à un autre, a entendu renoncer absolument à son droit d'hypothèque, ou seulement changer l'ordre de collocation, et prendre lui-même le second rang.

§ 5. Papinien, au livre XI, a répondu que, si le premier créancier, faisant ensuite novation, a reçu les mêmes gages avec de nouveaux gages, il se succède à lui-même; mais que, si le second créancier n'offre pas de le payer, il peut vendre le gage, en observant cependant qu'il se payera sur le prix seulement de sa première créance, et non de la somme qu'il a prêtée depuis, et qu'il rendra au second créancier ce dont le prix excède le montant de sa première créance.

§ 6. Il faut savoir que la chose est obligée envers le second créancier, même malgré le débiteur, tant pour sa propre créance que pour celle du premier créancier, et tant pour les intérêts qui lui sont dus que pour ceux qu'il a payés au premier créancier. Cependant il n'obtiendra pas l'intérêt de ces intérêts qu'il a comptés au premier créancier; car il n'a pas entendu faire l'affaire d'autrui, mais plutôt la sienne propre. C'est ce que Papinien a écrit au livre III de ses Réponses, et son sentiment est juste.

§ 7. Si le second créancier était convenu simplement (1) d'une hypothèque avec le débiteur, il pourra enlever la chose hypothéquée à tout possesseur, excepté au premier créancier et à celui qui l'aurait achetée de lui.

§ 8. En empruntant de Titius, vous êtes convenu avec lui que votre fonds lui serait engagé ou hypothéqué. Ensuite vous avez emprunté de Mévius, et vous lui avez déclaré que ce fonds lui serait obligé, s'il cessait de l'être à Titius. Puis un troisième créancier vous prête de l'argent pour payer Titius, et convient avec vous que le même fonds lui sera engagé ou hypothéqué, et qu'il

---

(1) Hulot traduit : « Si un effet a été simplement hypothéqué et *non livré*. » Il s'est mépris sur le sens qu'a ici *simpliciter*. Voy. le *Commentaire*.

conditio? et tertius de sua negligentia queri debeat ? Sed tamen et hic tertius creditor secundo præferendus est.

§ 9. Si tertius creditor pignora sua distrahi permittat ad hoc, ut priori pecunia soluta, in aliud pignus priori succedat, successurum eum Papinianus libro undecimo Responsorum scripsit; et omnino secundus creditor nihil aliud juris habet, nisi ut solvat priori, et loco ejus succedat.

§ 10. Si priori hypotheca obligata sit, nihil vero de venditione convenerit, posterior vero de hypotheca vendenda convenerit, verius est, priorem potiorem esse; nam et in pignore placet, si prior convenerit de pignore, licet posteriori res tradatur, adhuc potiorem esse priorem.

13. PAULUS *libro V ad Plautium.*

Insulam tibi vendidi, et dixi, prioris anni pensionem mihi, sequentium tibi accessuram, pignorumque ab inquilino datorum jus utrumque secuturum. Nerva, Proculus, nisi ad utramque pensionem pignora sufficerent, jus omnium pignorum primum ad me pertinere; quia nihil aperte dictum esset, an communiter ex omnibus pignoribus summa pro rata servetur; si quid superesset, ad te. Paulus : facti quæstio est; sed verisimile est, id actum, ut primam

prendra la place de Titius. Le créancier intermédiaire, dont la convention a été telle que, par le payement fait à Titius, la condition apposée à son hypothèque serait accomplie, sera-t-il préféré au troisième créancier ? et celui-ci devra-t-il s'imputer sa propre négligence ? Nonobstant ces raisons , le troisième créancier doit encore ici avoir la préférence sur le second.

§ 9. Si un troisième créancier permet au débiteur de vendre ses gages, afin que, le premier créancier étant payé avec le prix de cette vente, il lui succède pour un autre gage, Papinien écrit, au livre XI de ses Réponses, qu'il lui succédera. En un mot, le second créancier n'a pas d'autre droit que de payer le premier et de prendre ainsi sa place.

§ 10. Si une chose a été hypothéquée au premier créancier, sans que rien ait été convenu touchant le pouvoir de vendre, et que le second créancier soit convenu qu'il aurait la faculté de vendre la chose hypothéquée, il n'en est pas moins vrai que le premier est préférable. Car, même pour le gage, on décide que, si le premier est convenu qu'on lui donnerait un gage, quand même la chose serait livrée au second créancier, le premier sera encore préféré.

13. PAUL, *Sur Plautius*, liv. *V*.

Je vous ai vendu une maison, et j'ai dit que le loyer de la première année m'appartiendrait, et que celui des années suivantes serait pour vous, et que les gages donnés par le locataire nous seraient affectés à l'un et à l'autre. Nerva et Proculus décident que, si les gages ne suffisent pas pour tous les loyers, j'aurai d'abord droit sur tous les gages, car on n'a pas déclaré expressément si les sommes dues au vendeur et à l'acheteur seraient prises en commun sur tous les gages au prorata ; et que, s'il reste quelque chose après que j'aurai été payé, vous aurez droit au surplus. Paul ajoute : C'est une question de fait ; mais il est vraisemblable que l'intention des

quamque pensionem pignorum causa sequetur (1).

14. IDEM *libro XIV ad Plautium.*

Si non dominus duobus eamdem rem diversis temporibus pignoraverit, prior potior est, quamvis, si a diversis non dominis pignus accipiamus, possessor melior sit.

15. IDEM *libro LXVIII* (2) *ad Edictum.*

Etiam superficies in alieno solo posita pignori dari potest, ita tamen, ut prior causa sit domini soli, si non solvatur ei solarium.

16. PAULUS (3) *libro III Quæstionum.*

Claudius Felix eumdem fundum tribus obligaverat, Eutychianæ primum, deinde Turboni, tertio loco alii creditori; quum Eutychiana de jure suo doceret, superata apud judicem a tertio creditore non provocaverat; Turbo apud alium judicem victus appellaverat. Quærebatur, utrum tertius creditor etiam Turbonem superare deberet, qui primam creditricem (4), an ea remota, Turbo tertium excluderet? Plane quum tertius creditor primum de sua pecuni dimisit, in locum ejus substituitur in ea quantitate, quam superiori exsolvit. Fuerunt igitur, qui dicerent, hic quoque tertium creditorem potiorem esse debere; mihi nequaquam hoc justum esse videbatur. Pone primam creditricem (5) judicio convenisse tertium creditorem,

---

(1) Vulg. melius : *sequeretur.*

(2) Hal. : *lib. LXIX.*

(3) Hal. : IDEM.

(4) Vulg. : *expulerat.* Sed et in cod. Flor. *expulerat* suppletum est.

(5) Vulg. et Hal. inserunt *in.*

parties a été que les gages seraient affectés successivement à chaque terme de loyer, dans l'ordre des échéances.

14. LE MÊME, *Sur Plautius, liv. XIV.*

Si un débiteur engage à deux personnes, en différents temps, une chose dont il n'est pas propriétaire, la première sera préférée. Mais si nous recevons la même chose en gage de deux personnes différentes, qui n'en sont propriétaires ni l'une ni l'autre, celui de nous qui la possédera sera préféré.

15. LE MÊME, *Sur l'Edit, liv. LXVIII.*

On peut donner en gage même une maison élevée sur le sol d'autrui, de manière pourtant que le propriétaire du sol soit préféré pour la redevance qui ne lui aurait pas été payée.

16. PAUL, *Questions, liv. III.*

Claudius Félix avait hypothéqué le même fonds à trois créanciers, d'abord à Eutychiana, puis à Turbon, et en troisième lieu à un autre créancier. Eutychiana n'ayant pas réussi à prouver son droit (1) devant le juge, dans un procès contre le troisième créancier, avait succombé et n'avait point appelé ; Turbon, ayant aussi succombé devant un autre juge, avait appelé. On demandait si le troisième créancier devait l'emporter pareillement sur Turbon, par la raison qu'il l'avait emporté sur la première créancière ; ou bien si, celle-ci étant écartée, Turbon devait exclure le troisième créancier. Il est vrai que, quand le troisième créancier satisfait le premier de ses propres deniers, il est substitué en sa place pour la somme qu'il lui a payée. Aussi il y avait des personnes qui disaient qu'ici également le troisième créancier devait être préféré. Ce sentiment ne me paraissait pas du tout juste. Supposez en effet que la première créancière ait actionné le troisième créancier et ait perdu son procès

---

(1) V. le *Commentaire.*

et exceptione aliove quo modo a tertio superatam; numquid adversus Turbonem, qui secundo loco crediderat, tertius creditor, qui primam vicit, exceptione rei judicatæ uti potest (1)? aut contra, si post primum judicium, in quo prima creditrix superata est a tertio creditore, secundus creditor tertium (2) obtinuerit, poterit uti exceptione rei judicatæ adversus primam creditricem? Nullo modo, ut opinor. Igitur nec tertius creditor successit in ejus locum, quem exclusit, nec inter alios res judicata alii prodesse aut nocere solet; sed sine præjudicio prioris sententiæ totum jus alii creditori integrum relinquitur.

17. IDEM *libro VI Responsorum.*

Eum, qui a debitore suo prædium obligatum comparavit, eatenus tuendum (3), quatenus ad priorem creditorem ex pretio pecunia pervenit.

18. SCÆVOLA *libro I Responsorum.*

Lucius Titius pecuniam mutuam dedit sub usuris, acceptis pignoribus, eidemque debitori Mævius sub iisdem pignoribus pecuniam dedit. Quæro, an Titius non tantum sortis, et earum usurarum nomine, quæ accesserunt antequam Mævius crederet, sed etiam earum, quæ postea accesserunt, potior esset? Respondit, Lucium Titium in omne, quod ei debetur (4), potiorem esse.

---

(1) Hal. : *poterit.*
(2) Vulg. : *a tertio.*
(3) Vulg. : *tuendus est.*
(4) Hal. : *deberetur.*

par l'effet d'une exception ou autrement, ce troisième créancier, qui a vaincu la première créancière, pourra-t-il opposer l'exception de la chose jugée à Turbon qui était au second rang? Ou réciproquement, si, après le premier procès où la première créancière a été vaincue par le troisième créancier, le second créancier a obtenu gain de cause contre le troisième créancier, pourra-t-il user de l'exception de la chose jugée contre la première créancière? Nullement, à ce que je crois. Donc, le troisième créancier n'a point pris la place de celui qu'il a écarté, et la chose jugée ne peut profiter ou nuire à d'autres qu'à ceux entre lesquels elle a été jugée; mais le second créancier conserve son droit entier, sans préjudice de la première sentence (1).

17. LE MÊME, *Réponses, liv. VI.*

Celui qui a acheté de son débiteur le fonds déjà engagé à un autre, doit être protégé jusqu'à concurrence de la somme qui a été payée au premier créancier sur le prix.

18. SCÉVOLA, *Réponses, liv. I.*

Lucius Titius a prêté de l'argent à intérêt, en recevant des gages : Mévius a prêté au même débiteur sur les mêmes gages. Je demande si Titius sera préféré, non-seulement pour le capital et les intérêts qui sont échus avant que Mévius prêtât, mais encore pour les intérêts qui ont couru depuis ce prêt. Le jurisconsulte a répondu que Lucius Titius est préférable pour tout ce qui lui est dû.

---

(1) V. le *Commentaire.*

19. IDEM *libro V Responsorum.*

Mulier in dotem dedit marito praedium pignori obligatum, et testamento maritum, et liberos ex eo natos, item ex alio, heredes instituit; creditor, quum posset heredes convenire idoneos, ad fundum venit. Quaero an, si ei justus possessor offerat, compellendus sit jus nominis cedere. Respondi (1), posse videri non injustum postulare.

20. TRYPHONINUS *libro VIII* (2) *Disputationum.*

Quaerebatur, si post primum contractum tuum, antequam aliam pecuniam tu crederes, eidem debitori Seius credidisset quinquaginta, et hyperocham (3) hujus rei, quae tibi pignroi data esset, debitor obligasset, dehinc tu eidem debitori crederes forte quadraginta, quod plus est in pretio rei, quam primo credidisti, utrum ei (4) ob quinquaginta, an tibi in quadraginta cederet pignoris hyperocha (5)? Finge Seium paratum esse, offerre tibi summam primo ordine creditam. Dixi, consequens esse, ut Seius potior sit in eo, quod amplius esset in pignore, et oblata ab eo summa primo ordine credita usurarumque ejus, postponatur primus creditor in summam, quam postea eidem debitori credidit.

---

(1) Hal. : *respondit.*
(2) Hal. : *lib. IX.*
(3) Vulg. et Hal. : *hypothecam,* sed male.
(4) Vulg. et Hal. : *Scio.*
(5) Vulg. et Hal. iterum : *hypotheca.*

19. Le même, *Réponses, liv. V.*

Une femme a donné en dot à son mari un fonds hypothéqué, et elle a institué héritiers dans son testament son mari, les enfants qu'elle avait eus de lui et ceux qu'elle avait eus d'un autre. Le créancier, pouvant actionner les héritiers solvables, s'est attaqué au fonds. On demande si, dans le cas où le juste possesseur offrirait de payer, le créancier sera forcé de céder sa créance. J'ai répondu que cette prétention n'est point injuste.

20. Tryphoninus, *Disputes, liv. VIII.*

Si, après le premier contrat fait avec votre débiteur, et avant que vous lui fissiez un nouveau prêt, Séius a prêté cinquante au même débiteur, qui lui a hypothéqué ce dont la chose qui vous a été engagée surpassait votre créance; et qu'ensuite vous ayez prêté au même débiteur quarante, par exemple, on a demandé si l'excédant du prix de la chose sur votre première créance sera hypothéqué à Séius pour cinquante, ou à vous pour quarante. Supposez que Séius est prêt à vous offrir la somme que vous avez prêtée en premier lieu. J'ai dit qu'en conséquence des principes, Séius sera préféré sur le surplus du gage; et que, s'il offre au premier créancier la somme qu'il a prêtée en premier lieu et les intérêts, ce premier créancier ne viendra qu'après lui pour la somme qu'il a prêtée depuis au même débiteur.

21. SCÆVOLA *libro XXVII Digestorum.*

Titius Seiæ ob summam, qua ex tutela ei condemnatus erat, obligavit pignori omnia bona sua, quæ habebat, quæque habiturus esset; postea mutuatus a fisco pecuniam, pignori ei res suas omnes obligavit, et intulit Seiæ partem debiti, et reliquam summam novatione facta eidem promisit; in qua obligatione similiter, ut supra, de pignore convenit. Quæsitum est, an Seia præferenda sit fisco et in illis rebus, quas Titius tempore prioris obligationis habuit, item in his rebus, quas post priorem obligationem acquisivit, donec universum debitum sunm consequatur? Respondit (1), nil (2) proponi, cur non sit præferenda.

§ 1. Negotiatori marmorum creditor sub pignore lapidum, quorum pretia venditores ex pecunia creditoris acceperant, numeravit (3); idem debitor conductor horreorum Cæsaris fuit; ob quorum pensiones aliquot annis non solutas, Procurator exactioni præpositus ad lapidum venditionem officium suum extendit. Quæsitum est, an jure pignoris eos creditor retinere possit? Respondit, secundum ea, quæ proponentur (4), posse.

---

(1) Hal. hic et infra iterum : *respondi.*

(2) Ita Taur.; sed in cod. Flor. clare est : *nihil.*

(3) Vox *numeravit* abest in cod. Flor.

(4) Hal. : rectius : *proponerentur.*

21. Scévola, *Digeste, liv. XXVII.*

Titius a engagé tous ses biens présents et à venir à Séia pour la somme qu'il avait été condamné à lui payer pour compte de tutelle. Ensuite, ayant emprunté du fisc de l'argent, il lui a engagé tous ses biens. Il a payé à Séia une partie de sa dette, et lui a promis le restant de la somme, en faisant novation, et cette nouvelle obligation a été accompagnée, comme la première, d'une convention de gage. On a demandé si Séia devait être préférée au fisc, et sur les biens que Titius avait au temps de la première obligation, et sur ceux qu'il avait acquis depuis, jusqu'à ce qu'elle ait obtenu la totalité de sa créance. Le jurisconsulte a répondu qu'il ne voyait rien, dans l'exposé, qui mît obstacle à ce qu'elle fût préférée.

§ 1. Un homme qui faisait le commerce de marbres, a emprunté en donnant en gage des marbres dont le prix a été payé aux vendeurs de l'argent du prêteur. Ce débiteur a pris en location des magasins appartenant à l'empereur; et comme il était resté plusieurs années sans acquitter les loyers, le procureur du prince, préposé aux recouvrements, s'est mis en devoir de faire vendre les marbres. On a demandé si le créancier pouvait les retenir en vertu du droit de gage. Le jurisconsulte a répondu que, d'après les faits exposés, il le pouvait.

TITULUS V.

DE DISTRACTIONE PIGNORUM ET HYPOTHECARUM.

1. PAPINIANUS *libro XXVI Quæstionum.*

Creditor, qui prædia pignori accepit, et post alium creditorem, qui pignorum conventionem ad bona debitoris contulit, ipse quoque simile pactum bonorum ob alium aut eumdem contractum interposuit, ante secundum creditorem dimissum, nullo jure cetera bona titulo pignoris vendidit. Sed ob eam rem in personam actio contra eum creditori, qui pignora sua requirit, non competit (1); nec utilis danda est, nec furti rerum mobilium gratia recte convenietur, quia propriam causam, ordinis errore ductus, persecutus videtur, præsertim quum alter creditor furto possessionem, quæ non fuit apud eum, non amiserit; ad exhibendum quoque frustra litem excipiet, quia neque possidet, neque dolo fecit, ut desineret possidere. Sequitur, ut secundus creditor possessores interpellare debeat.

2. IDEM *libro II Responsorum.*

Fidejussor conventus officio judicis assecutus est, ut emptionis titulo prædium creditori pignori datum susciperet. Nihilominus alteri creditori, qui postea

---

(1) Hal. præfigit *sed.*

TITRE V.

DE LA VENTE DES CHOSES ENGAGÉES ET HYPOTHÉQUÉES.

1. PAPINIEN, *Questions, liv. XXVI.*

Un créancier a reçu en gage des fonds ; et après qu'un second créancier s'est fait donner une hypothèque générale sur les biens du même débiteur, il est lui-même convenu d'une semblable hypothèque pour un nouveau contrat ou pour le même. C'est sans aucun droit que, avant d'avoir désintéressé le second créancier, le premier a vendu à titre de gage les biens autres que les fonds qui lui avaient été spécialement hypothéqués. Mais le second créancier, qui veut demander ses gages, n'a contre lui, à ce sujet, aucune action personnelle ni directe, ni utile. Il ne peut même avoir l'action du vol pour les objets mobiliers, parce que le premier créancier paraît avoir suivi sa propre affaire, entraîné par l'erreur où il était sur l'ordre de préférence, attendu surtout que l'autre créancier n'a pas perdu par un vol la possession qu'il n'a jamais eue. C'est également en vain qu'il intenterait l'action en exhibition, parce que le premier créancier ne possède pas et n'a point cessé de posséder par son dol. Il s'ensuit que le second créancier doit poursuivre les possesseurs.

2. LE MÊME, *Réponses, liv. II.*

Un fidéjusseur actionné a obtenu du juge de prendre à titre d'achat le fonds donné en gage au créancier. Un autre créancier, qui a contracté postérieurement avec affectation du même gage, n'en aura pas moins la faculté d'offrir au fidéjusseur la somme qu'il a payée,

sub eodem pignore contraxit, offerendæ pecuniæ, quam fidejussor dependit, cum usuris medii temporis, facultas erit; nam hujusmodi venditio, transferendi pignoris causa, necessitate juris fieri solet.

3. IDEM *libro III Responsorum.*

Cum prior creditor pignus jure conventionis vendidit, secundo creditori non superesse jus offerendæ pecuniæ convenit.

§ 1. Si tamen debitor, non interveniente creditore, pignus vendiderit, ejusque pretium priori creditori solverit, emtori poterit offerri, quod ad alium creditorem de nummis ejus pervenit, et usuræ medii temporis; nihil enim interest, debitor pignus datum vendidit (1), an denuo pignori obliget.

4. IDEM *libro XI* (2) *Responsorum.*

Cum solvendæ pecuniæ dies pacto profertur, convenisse videtur, ne prius vendendi pignoris potestas exerceatur.

5. MARCIANUS *libro singulari ad Formulam hypothecariam.*

Cum secundus creditor, oblata priori pecunia, in locum ejus successerit, venditionem ob pecuniam solutam et creditam recte facit.

§ 1. Si secundus creditor vel fidejussor, soluta pecunia, pignora susceperunt, recte eis offertur, quamvis emtionis titulo ea tenuerunt.

---

(1) Hal. : *nendiderit.*
(2) Hal. : *lib. X.*

avec les intérêts du temps intermédiaire; car une vente
de ce genre n'est faite que par une nécessité de droit,
pour transférer le gage.

3. LE MÊME, *Réponses*, liv. III.

Lorsque le premier créancier à vendu le gage en
vertu du droit que lui donne la convention, on est d'ac-
cord que le second créancier n'a plus le droit d'offrir le
payement de la première créance.

§ 1. Si cependant le débiteur a vendu le gage sans l'in-
tervention du créancier, et en a employé le prix à payer
le premier créancier, le second créancier pourra offrir
à l'acheteur de lui rembourser ce qui est parvenu à l'autre créancier de l'argent payé par cet acheteur, avec les
intérêts du temps intermédiaire. Peu importe, en effet,
que le débiteur ait vendu la chose qu'il avait donnée en
gage, ou l'ait engagée de nouveau.

4. LE MÊME, *Réponses*, liv. XI.

Lorsque le terme fixé pour le payement est retardé
par un pacte, on est censé convenu que le pouvoir de
vendre le gage ne sera point exercé plus tôt.

5. MARCIEN, *Sur la Formule hypothécaire, liv. unique.*

Quand un second créancier, ayant offert au premier
ce qui lui est dû, a pris sa place, il vend valablement le
gage, pour se payer, tant de la créance qu'il a acquittée,
que de celle qui lui est propre.

§ 1. Si un second créancier ou un fidéjusseur, ayant
payé pour le débiteur, s'est fait remettre les gages, on
peut lui faire des offres valables, quoiqu'il ait reçu ces
gages à titre d'achat.

6. MODESTINUS *libro VIII Regularum.*

Cum posterior creditor a priore pignus emit, non tam acquirendi dominii, quam servandi pignoris sui causa intelligitur pecuniam dedisse, et ideo offerri ei a debitore potest.

7. MARCIANUS *libro singulari ad Formulam hypothecariam.*

Si creditor pignus vel hypothecam vendiderit hoc pacto, ut liceat sibi reddere pecuniam, et pignus recuperare, an, si paratus sit debitor reddere pecuniam, consequi id possit? Et Julianus libro undecimo Digestorum scribit, recte quidem distractum esse pignus : ceterum agi posse cum creditore, ut, si quas actiones habeat, eas cedat debitori. Sed quod Julianus scribit in pignore, idem et circa hypothecam est.

§ 1. Illud inspiciendum est, an liceat debitori, si hypotheca venierit, pecunia soluta eam recuperare? Et si quidem ita venierit, ut, si intra certum tempus a debitore pecunia soluta fuerit, emtio rescindatur, intra illud tempus pecunia soluta recipit hypothecam; si vero tempus præteriit, aut si non eo pacto res venierit, non potest rescindi venditio, nisi minor sit annis viginti quinque debitor, aut pupillus, aut reipublicæ causa absens, vel in aliqua earum causarum erit, ex quibus edicto succurritur.

§ 2. Quæritur, si pactum sit a creditore, ne liceat debitori hypothecam vendere vel pignus, quid juris sit, et an pactio nulla sit talis, quasi contra jus sit

6. Modestin, *Règles, liv. VIII.*

Lorsqu'un créancier postérieur achète du premier le gage, il est censé avoir donné son argent moins pour acquérir la propriété, que pour conserver son gage, et par conséquent le débiteur peut lui offrir son remboursement.

7. Marcien, *Sur la Formule hypothécaire, liv. unique.*

Si un créancier a vendu la chose engagée ou hypothéquée, avec la clause qu'il lui serait permis de rendre l'argent et de recouvrer la chose, le débiteur, offrant de rendre l'argent, pourra-t-il obtenir cette chose? Julien écrit, au livre XI de son Digeste, que le gage a été régulièrement vendu; mais que, du reste, le débiteur peut agir contre le créancier pour qu'il lui cède les actions qu'il peut avoir. Ce que Julien écrit du gage doit s'appliquer aussi à l'hypothèque.

§ 1. Examinons si, dans le cas où la chose hypothéquée a été vendue par le créancier, le débiteur pourra la reprendre en remboursant à l'acheteur ce qu'il a payé. Si la vente a été faite sous la condition qu'elle sera rescindée si l'argent est payé par le débiteur dans un certain temps, le débiteur, en payant avant l'expiration du temps marqué, recouvrera la chose hypothéquée. Mais si ce temps est écoulé ou si la chose a été vendue sans cette clause, la vente ne peut pas être rescindée, à moins que le débiteur ne soit mineur de vingt-cinq ans, ou pupille, ou absent pour le service de la république, ou ne se trouve dans quelqu'un des cas où l'édit du préteur promet la restitution en entier.

§ 2. On demande ce qu'il faut décider dans le cas où le créancier serait convenu avec le débiteur que celui-ci ne pourrait pas vendre la chose hypothéquée ou engagée, si une pareille convention est nulle comme contraire au droit, et si, en conséquence, le débiteur pourra vendre sa chose. Il est certain que cette convention

posita, ideoque venire (1) possit? Et certum est, nullam esse venditionem, ut pactioni stetur.

8. MODESTINUS *libro IV* (2) *Regularum.*

Creditoris arbitrio permittitur, ex pignoribus sibi obligatis, quibus velit, distractis, ad suum commodum pervenire,

9. PAULUS *libro III Quæstionum.*

Quæsitum est, si creditor ab emtore pignoris pretium servare non potuisset, an debitor liberatus esset? Putavi, si nulla culpa imputari creditori possit, manere debitorem obligatum, quia ex necessitate facta venditio non liberat debitorem, nisi pecunia percepta?

§ 1. Pomponius autem Lectionum libro secundo ita scripsit : Quod in pignoribus dandis adjici solet, ut, quo minus pignus venisset, reliquum debitor redderet, supervacuum est, quia ipso jure ita se res habet, etiam non adjecto eo.

10. IDEM *libro VI Responsorum.*

Etsi is, qui lege pignoris emit, ob evictionem rei redire ad venditorem non potest, tamen non esse audiendum creditorem qui fundum vendidit, si velit ejusdem rei ex alia causa quæstionem movere.

11. SCÆVOLA *libro I Responsorum.*

Arbiter dividendæ hereditatis, quum corpora hereditaria divisisset, nomina quoque communium debitorum separatim singulis in solidum assignavit.

---

(1) Taur. *veniri.* Ita quidem fuit in cod. Flor., sed correctum est mutata littera *i* in *e.*

(2) Hal. : *lib. VI.*

devra être observée et qu'ainsi la vente sera nulle (1).

8. MODESTIN, *Règles, liv. IV.*

Il est libre au créancier de choisir à son gré parmi les choses qui lui sont engagées, celles qu'il vendra, pour en retirer le montant de ce qui lui est dû.

9. PAUL, *Questions, liv. III.*

On a demandé si le débiteur serait libéré, dans le cas où le créancier n'aurait pu obtenir de l'acheteur du gage le payement du prix. J'ai pensé que, si aucune faute ne peut être imputée au créancier, le débiteur reste obligé, parce qu'une vente faite par nécessité ne libère le débiteur qu'autant que l'argent a été touché.

§ 1. Pomponius a écrit, liv. II de ses Leçons : La clause qu'on ajoute ordinairement en donnant un gage, que, s'il est vendu pour un prix inférieur au montant de la créance, le débiteur payera le surplus, est superflue, parce que les choses se passent ainsi de droit, sans qu'on l'ait dit expressément.

10. LE MÊME, *Réponses, liv. VI.*

Quoique celui qui a acheté une chose vendue à titre de gage n'ait point de recours contre son vendeur en cas d'éviction, cependant le créancier qui a vendu le fonds ne sera point écouté, s'il voulait le disputer lui-même à l'acheteur pour quelque autre cause.

11. SCÉVOLA , *Réponses, liv. I.*

L'arbitre chargé du partage d'une hérédité, après avoir partagé les objets corporels héréditaires, a aussi assigné séparément à chacun en totalité les créances

---

(1) Voy. le *Commentaire*.

Quæsitum est : an debitoribus cessantibus, pro solido pignus vendere quisque potest (1)? Respondi, posse.

12. TRYPHONINUS *libro VIII Disputationum.*

Rescriptum est ab imperatore, libellos agente Papiniano, creditorem a debitore pignus emere posse, quia in dominio manet debitoris.

§ 1. Si aliena res pignori data fuerit, et creditor eam vendiderit, videamus, an pretium, quod percepit creditor, liberet debitorem personali actione pecuniæ creditæ? Quod vere responderetur (2), si ea lege vendidit, ne evictionis nomine obligaretur, quia ex contractu, et qualiquali obligatione a debitore interposita, certe ex (3) occasione ejus redactum (4) id pretium æquius proficeret debitori, quam creditoris lucro cederet. Sed quantum quidem ad creditorem, debitor liberatur; quantum vero ad dominum rei, si necdum pignus evictum est, vel ad emtorem post evictionem, ipsi (5) debitor utili actione tenetur, ne ex aliena jactura sibi lucrum acquirat. Nam et si majores fructus forte petens a possessore (6) creditor abstulit, universos in quantitatem debitam accepto ferre debebit; et quum per injuriam judicis domino rem, quæ debitoris non fuisset, abstulisset creditor, quasi obligatam sibi, et quæreretur, an soluto debito

---

(1) Hal. : *possit? respondit.*
(2) Hal. : *respondetur.*
(3) Hal. : *quod* loco *ex.*
(4) Hal. : *inserit est.*
(5) Hal. : *ipse.*
(6) Vulg. et Hal. : *fidejussore.*

contre les débiteurs communs. On a demandé si, les débiteurs tardant à payer, chaque héritier peut vendre pour le tout le gage attaché à la créance qui lui a été attribuée. J'ai répondu qu'il le pouvait.

12. TRYPHONINUS, *Disputes*, *liv. VIII.*

Un rescrit de l'empereur, rendu pendant que Papinien était chargé de répondre aux requêtes, porte que le créancier ne peut acheter du débiteur la chose engagée, parce qu'elle est restée dans le domaine du débiteur.

§ 1. Si un débiteur a donné en gage une chose qui ne lui appartient pas, et que le créancier l'ait vendue, voyons si le prix qu'a reçu le créancier libère le débiteur de l'action personnelle du prêt. On déciderait ainsi avec raison, si le créancier avait vendu sous la clause qu'il ne serait pas tenu de l'éviction, parce que ce prix qui est retiré en vertu d'un contrat fait par le débiteur et d'une obligation telle quelle et interposée par lui, ou du moins à cette occasion (1), doit, d'après l'équité, profiter au débiteur pour sa libération, plutôt que de tourner en pur gain pour le créancier. Mais le débiteur n'est libéré qu'envers le créancier; à l'égard du maître de la chose, si l'éviction n'a pas encore eu lieu, ou à l'égard de l'acheteur, après l'éviction, le débiteur est soumis à une action utile, afin qu'il ne tire pas un bénéfice de la perte éprouvée par un autre. Car, pareillement, si le créancier, exerçant l'action hypothécaire contre un possesseur, a obtenu plus de fruits qu'il ne fallait (2), il devra les imputer tous sur ce qui lui est dû. Et, dans un cas où, par l'injustice du juge, le créancier avait enlevé au véritable propriétaire, comme lui étant

---

(1) V. le *Commentaire.*
(2) V. le *Commentaire.*

restitui eam oporteret debitori? Scævola noster restituendam probavit. Quod si non ita vendidit, ut certum sit omnimodo apud eum pretium remansurum, verum obligatus est ad id restituendum, arbitror, interim quidem nihil a debitore peti posse, sed in suspenso haberi liberationem; verum si actione ex emto conventus præstitisset (1) creditor emtori, debitum persequi eum a debitore posse, quia apparuit, non esse liberatum.

13. PAULUS *libro I Decretorum.*

Creditor, qui jure suo pignus distrahit, jus suum cedere debet; et si pignus possidet, tradere utique debet possessionem.

14 (2) SCÆVOLA *libro VI Digestorum.*

Arbitri dividunde hœreditatis inter heredes quum corpora hereditaria divisissent, nomina quoque communium debitorum separatim diversa (3) singulis in solidum assignaverunt. Quæsitum est, an unusquisque eorum, debitore sibi addicto cessante in solutione, pro solido (4) pignus sub eo nomine obligatum vendere possit? Respondit, potuisse.

---

(1) Hal. inscrit : *pretium.*
(2) Hal. omittit h. l.
(3) Vulg. : *divisa.*
(4) Ita Taur. In Flor. cod. : *pro solvendo,* evidens mendum.

hypothéquée, une chose qui n'appartenait point au débiteur qui l'avait obligée, et où l'on demandait s'il devait la rendre au débiteur, quand celui-ci aurait payé sa dette, Scévola, notre maître (1), a pensé qu'il devait la rendre. Que si le créancier n'a pas vendu de manière qu'il soit certain que le prix lui restera à tout événement, mais qu'il soit obligé à le restituer, je pense qu'en attendant le créancier ne peut rien demander au débiteur, mais que sa libération est en suspens (2); et qu'ensuite, si le créancier actionné par l'acheteur lui rembourse le prix, il pourra poursuivre le payement de sa créance contre le débiteur, car l'événement a montré qu'il n'était pas libéré.

13. PAUL, *Décrets, liv. I.*

Le créancier, qui vend le gage en cette qualité, doit céder son droit à l'acheteur ; et s'il possède le gage, il doit lui en livrer la possession.

14. SCÉVOLA, *Digeste, liv. VI.*

Les arbitres nommés pour partager une hérédité entre les héritiers, après avoir divisé les choses corporelles comprises dans la succession, ont aussi assigné en entier à chacun séparément les créances contre les débiteurs communs. On a demandé si chaque cohéritier, à défaut de payement de la part du débiteur qui lui était assignée, avait le droit de vendre en totalité le gage affecté à cette créance. Le jurisconsulte a répondu qu'il en avait le droit.

---

(1) V. le *Commentaire.*

(2) Hulot traduit : *Mais je doute cependant si le débiteur sera libéré.* Il n'a pas saisi le sens.

TITULUS VI.

QUIBUS MODIS PIGNUS VEL HYPOTHECA SOLVITUR.

1. PAPINIANUS *libro XI Responsorum.*

Debitoris absentis amicus negotia gessit, et pignora citra emtionem pecunia sua liberavit ; jus pristinum domino restitutum videtur. Igitur qui negotium gessit, utilem Servianam dari sibi non recte desiderabit; si tamen possideat, exceptione doli defenditur.

§ 1. Quum venditor, numerata sibi parte pretii, prædium, quod venierat, pignori accepisset, ac postea residuum pretium emtori, litteris ad eum missis, donasset, eoque defuncto donationem quibusdam modis inutilem esse constabat, jure pignoris fiscum frustra petere prædium, qui successerat in locum venditoris, apparuit (1); cujus pignoris solutum esse pactum prima voluntate donationis (2) constabat, quoniam inutilem pecuniæ donationem lex facit, cui non est locus in pignore liberando.

§ 2. Defensor absentis cautionem judicatum solvi præstitit; in dominum judicio postea translato, fidejussores ob rem judicatam, quos defensor dedit, non tenebuntur, nec pignora, quæ dederunt.

---

(1) Hal. : *esse constaret; frustra fiscum, qui in locum venditoris successerat, petere prædium jure pignoris apparuit, cujus solutum esse pactum.*

(2) Vulg. et Hal. : *donatoris.*

TITRE VI.

DE QUELLES MANIÈRES S'ÉTEINT LE GAGE OU L'HYPOTHÈQUE.

1. PAPINIEN, *Réponses*, *liv. XI.*

L'ami d'un débiteur absent a géré ses affaires et a libéré de son argent les gages, sans faire un achat. Le propriétaire paraît avoir recouvré son droit primitif. En conséquence, celui qui a géré l'affaire ne pourra pas demander qu'on lui donne l'action Servienne utile. Si cependant il possède, il se défendra par l'exception de dol.

§ 1. Un vendeur, après avoir touché une partie du prix, avait reçu en gage le fonds qu'il avait vendu, et ensuite il avait fait donation du restant du prix à l'acheteur, par une lettre qu'il lui avait envoyée. Après son décès, il fut reconnu que la donation était nulle pour certains motifs (1). On décida néanmoins que le fisc, qui avait succédé au vendeur, demandait inutilement le fonds, parce qu'évidemment la convention de gage avait été dissoute à l'instant même de la donation, par la volonté ainsi manifestée par les parties ; car la loi qui annulle la donation, ne s'applique pas à la libération du gage.

§ 2. Le défenseur d'un absent a fourni caution pour le payement de la condamnation à intervenir. L'instance ayant ensuite été transférée sur le maître de l'affaire, les fidéjusseurs donnés par le défenseur pour l'exécution de la chose jugée, ne seront plus obligés, non plus que les gages qu'ils auront fournis.

---

(1) V. le *Commentaire.*

2. GAIUS *libro IX* (1) *ad Edictum provinciale.*

Si creditor Serviana actione pignus a possessore petierit, et possessor litis æstimationem obtulerit, et ab eo debitor rem vindicet, non aliter hoc facere concedetur, nisi prius ei debitum offerat.

3. ULPIANUS *libro VIII Disputationum.*

Si res distracta fuerit sic : *nisi intra certum diem meliorem conditionem invenisset,* fueritque tradita, et forte emtor ante, quam melior conditio offerretur, hanc rem pignori dedisset. Marcellus libro quinto Digestorum ait, finiri pignus, si melior conditio fuerit allata ; quanquam ubi sic res distracta est : *nisi emtori displicuisset,* pignus finiri non putet.

4. IDEM *libro LXXIII ad Edictum.*

Si debitor, cujus res pignori obligatæ erant, servum, quem emerat, redhibuerit, an desinat Servianæ locus esse? Et magis est, ne desinat, nisi ex voluntate creditoris hoc factum est.

§ 1. Si in venditione pignoris consenserit creditor, vel ut debitor hanc rem permutet, vel donet, vel in dotem det, dicendum erit, pignus liberari, nisi salva causa pignoris sui consensit vel venditioni, vel ceteris ; nam solent multi salva causa pignoris sui consentire. Sed et si ipse vendiderit creditor, sic tamen

---

(1) Hal. : *lib. X.*

2. GAIUS, *sur l'Édit provincial, liv. IX.*

Si un créancier a intenté l'action Servienne contre le possesseur du gage, que le possesseur ait offert l'estimation de la chose, et qu'ensuite le débiteur revendique la chose contre lui, il ne pourra l'obtenir qu'en lui offrant le montant de la dette.

3. ULPIEN, *Disputes, liv. VIII.*

Quand une chose a été vendue avec la clause que la vente serait résolue si, dans un temps fixé, le vendeur trouvait des offres plus avantageuses, et que, la chose ayant été livrée, l'acheteur l'ait donnée en gage, avant qu'un prix plus fort ait été offert, Marcellus, liv. V de son Digeste, dit que le gage finit s'il se présente des offres plus avantageuses. Mais il ne pense pas que le gage s'éteignît également, si la chose avait été vendue sous la condition que la vente serait résiliée en cas que la chose déplût à l'acheteur.

4. LE MÊME, *sur l'Édit, liv. LXIII.*

Si un débiteur dont les biens étaient engagés, a rendu, pour un vice rédhibitoire, un esclave qu'il avait acheté, cet esclave cessera-t-il d'être soumis à l'action Servienne? Il faut plutôt répondre qu'il y restera soumis, à moins que cela n'ait eu lieu du consentement du créancier.

§ 1. Si le créancier a consenti que le débiteur vendît, échangeât, donnât ou constituât en dot la chose qui lui était engagée, il faudra dire que le gage est libéré, à moins qu'il n'ait consenti à la vente ou autres modes d'aliénation que sous la réserve de son gage; car beaucoup de créanciers ont l'habitude de ne donner leur consentement qu'en réservant leur gage. Pareillement si

venditionem fecit, ne discederet a pignore, nisi ei satisfiat, dicendum erit, exceptionem ei non nocere. Sed et si non concesserat pignus venumdari, sed ratam habuit venditionem, idem erit probandum.

§ 2. Belle quæritur, si forte venditio rei specialiter obligatæ non valeat, an nocere hæc res creditori debeat, quod consensit? utputa si qua ratio juris venditionem impediat. Dicendum est, pignus valere.

5. Marcianus *libro singulari ad Formulam hypothecariam.*

Solvitur hypotheca, et si ab ea discedatur, aut paciscatur creditor, ne pecuniam petat; nisi si quis dicat, pactum interpositum esse, ut a persona non petatur; et quid, si hoc actum sit, quum forte alius hypothecam possidebit (1)? Sed quum pactum conventum exceptionem perpetuam pariat, eadem et in hoc casu possunt dici, ut et ab hypotheca discedatur.

§ 1. Si paciscatur creditor, ne intra annum pecuniam petat, intelligitur de hypotheca quoque idem pactus esse.

§ 2. Si convenerit, ut pro hypotheca fidejussor daretur, et datus sit, satisfactum videbitur, ut hypotheca liberetur. Aliud est, si jus obligationis vendiderit creditor, et pecuniam acceperit; tunc enim manent omnes obligationes integræ, quia pretii loco id accipitur, non solutionis nomine.

§ 3. Satisfactum esse creditori intelligitur, et si jusjurandum delatum datum est, hypothecæ non esse rem obligatam.

---

(1) Vulg. : *possidebat.* Hal. : *possideat.*

le créancier lui-même vend la chose, mais ajoute à la vente la clause qu'il ne renonce à son gage qu'autant qu'il sera satisfait, il faudra dire que l'acheteur ne pourra lui opposer aucune exception. Il faut décider de même quand le créancier n'a pas permis de vendre, mais a ratifié la vente.

§ 2. C'est une question intéressante de savoir si, dans le cas où la vente d'une chose spécialement obligée ne serait pas valable, le consentement que le créancier y aurait donné lui nuirait; par exemple, si quelque raison de droit met obstacle à la vente. Il faut dire que le gage subsiste.

5. MARCIEN; *Sur la formule hypothécaire, liv. unique.*

L'hypothéque est éteinte si le créancier y renonce, ou convient qu'il ne demandera pas ce qui lui est dû; à moins qu'on ne prétende que ce pacte a eu pour but d'empêcher de demander à telle personne, objection qui devient plus forte, lorsque la chose hypothéquée est possédée par un tiers. Mais, comme le pacte produit une exception perpétuelle, il faut dire, même dans ce dernier cas, qu'il y a renonciation à l'hypothèque.

§ 1. Si un créancier convient avec son débiteur de ne point demander avant un an la somme due, il est censé avoir fait la même convention touchant l'hypothèque.

§ 2. S'il a été convenu qu'un fidéjusseur serait donné au lieu de l'hypothèque, et qu'il ait été donné, le créancier est réputé satisfait, en sorte que l'hypothèque est éteinte. Il en est autrement si le créancier a vendu sa créance et a reçu de l'argent; car alors toutes les obligations restent entières, parce que cet argent est reçu par le créancier comme prix de la vente, et non comme payement de la dette.

§ 3. Le créancier est aussi réputé satisfait quand le débiteur auquel il défère le serment jure que la chose n'est pas hypothéquée.

6. ULPIANUS *libro LXXIII ad Edictum.*

Item liberatur pignus, sive solutum est debitum, sive eo nomine satisfactum est. Sed et si tempore finitum pignus est, idem dicere debemus, vel si qua (1) ratione obligatio ejus finita est.

§ 1. Qui paratus est solvere, merito pignus videtur liberasse; qui vero non solvere, sed satisfacere paratus est, in diversa causa est. Ergo satisfecisse prodest, quia sibi imputare debet creditor, qui satisfactionem admisit vice solutionis; at qui non admittit satisfactionem, sed solutionem desiderat, culpandus non est.

§ 2. In satisdatione autem non utimur Atilicini sententia, qui putabat, si satisdetur alicui certae pecuniae, recedere eum a pignoribus debere.

7. GAIUS *libro singulari ad Formulam hypothecariam.*

Si consensit venditioni creditor, liberatur hypotheca. Sed in his pupilli consensus non debet aliter ratus haberi, quam si praesente tutore auctore (2) consenserit, aut etiam ipse tutor, scilicet si commodum aliquid (3), vel satis ei fieri ex eo judex aestimaverit.

§ 1. Videbimus, si procurator omnium bonorum consensit, vel servus actor, cui et solvi potest, et in id positus (4) est, an teneat consensus eorum? Et

---

(1) Vulg. inserit :

(2) Apud Hal. *auctore* abest, invitis Basilicis : παρόντος καὶ αυθεντοῦντος ἐπιτρόπου.

(3) Vulg. et Hal. : *aliquod.*

(4) Vulg. et Hal. : *praepositus.*

6. ULPIEN, *Sur l'Édit, liv. LXXIII.*

Le gage est libéré, soit que la dette ait été payée, soit qu'une satisfaction ait été donnée. Nous devons en dire autant si le temps fixé pour la durée du gage est écoulé, ou si l'obligation du gage a fini de quelque autre manière.

§ 1. Celui qui est prêt à payer paraît avec raison avoir libéré son gage. Mais celui qui est prêt non pas à payer, mais à satisfaire le créancier, est dans une position différente. Ainsi la satisfaction une fois donnée profite au débiteur pour la libération du gage, parce que le créancier doit s'imputer d'avoir admis tel genre de satisfaction au lieu de payement. Mais on ne peut adresser aucun reproche au créancier qui refuse d'admettre la satisfaction qui lui est offerte, et exige le payement.

§ 2. Relativement à la caution, nous ne suivons pas l'avis d'Atilicinus, qui pensait que, quand le débiteur offrait à son créancier de lui donner une caution pour une certaine somme, le créancier devait renoncer à ses gages.

7. GAIUS, *Sur la formule hypothécaire, liv. unique.*

Si le créancier a consenti à la vente, l'hypothèque est éteinte. Mais en ce cas le consentement d'un pupille ne pourra produire un effet, qu'autant qu'il aura été émis en présence et avec l'autorisation du tuteur, ou que le consentement aura été donné par le tuteur lui-même; et il faudra encore que le juge ait reconnu qu'il y avait un avantage pour le pupille, ou qu'il y trouvait une satisfaction suffisante.

§ 1. Voyons si le consentement sera valablement donné par le procureur chargé de l'administration de tous les biens, ou par l'esclave intendant de son maître, à qui l'on peut payer et qui est préposé à cet effet. Il faut dire que le consentement de ces personnes sera sans

dicendum est, non posse, nisi specialiter hoc eis mandatum est.

§ 2. Sed si cum debitoris procuratore convenit, ne sit res obligata, dicendum est, id debitori per doli exceptionem prodesse. Quum autem cum servo ejus convenerit, per ipsam pacti conventi exceptionem (1) debet.

§ 3. Si convenit de parte pro indiviso alienanda, si certa res est, quæ venit, potest dici, de reliqua parte ab initio agi oportere, nec obstat exceptio (2).

§ 4. Illud tenendum est, si quis communis rei partem pro indiviso dederit hypothecæ, divisione facta cum socio, non utique eam partem creditori obligatam esse, quæ ei obtingit, qui pignori dedit, sed utriusque pars pro indiviso pro parte dimidia manebit obligata (3).

8. MARCIANUS *libro singulari ad Formulam hypothecariam.*

Sicut re corporali exstincta, ita et usufructu exstincto pignus hypothecave perit.

§ 1. Creditor, ne pignori hypothecæve sit res, pacisci potest; et ideo si heredi pactus fuerit, ei quoque proderit pactum, cui restituit hereditatem ex senatusconsulto Trebilliano.

§ 2. Si procurator debitoris in rem suam sit, non puto dubitari debere, quin pactum noceat creditori. Itemque si a parte creditoris procurator in rem

---

(1) Hal. inserit : *prodesse.*

(2) Hal. : *nec obstare exceptionem.*

(3) Hal. *sed utriusque partem — manere obligatam.*

efficacité, à moins qu'elles n'aient un mandat spécial.

§ 2. Si le créancier est convenu avec le procureur de son débiteur que la chose ne sera plus hypothéquée, il faut dire que cela profitera au débiteur par le moyen de l'exception du dol. Mais si cette convention a été faite avec l'esclave du débiteur, celui-ci en profitera en opposant l'exception même du pacte.

§ 3. Si les parties conviennent que le débiteur pourra aliéner une partie de la chose par indivis, et que ce soit un corps certain qui ait été vendu, le créancier devra agir pour l'autre partie indivise, et il n'aura pas à craindre qu'on lui oppose une exception.

§ 4. Il faut tenir que, si quelqu'un a hypothéqué sa part indivise d'une chose commune, le partage ayant ensuite été fait avec le copropriétaire, ce ne sera pas la portion échue à celui qui a donné l'hypothèque qui sera obligée au créancier, mais la portion de chaque copartageant demeurera hypothéquée au créancier pour la moitié par indivis.

8. MARCIEN, *Sur la Formule hypothécaire, liv. unique.*

De même que le droit de gage ou d'hypothèque s'éteint quand la chose corporelle qui en est affectée cesse d'exister, de même il s'éteint lorsque l'usufruit sur lequel il porte cesse d'exister.

§ 1. Le créancier peut convenir avec le débiteur que la chose ne lui sera plus engagée ou hypothéquée. En conséquence, si ce pacte est fait par le créancier avec l'héritier du débiteur, il profitera aussi à celui à qui l'hérédité aura été restituée d'après le sénatus-consulte Trébellien.

§ 2. Si la convention a été faite avec un mandataire du débiteur (1) qui est procureur dans son propre intérêt (2), je pense qu'on ne doit pas douter que ce pacte

---

(1) Hulot suppose mal à propos que la convention a été faite *avec le débiteur* lui-même.

(2) V. le *Commentaire.*

suam exstiterit, paciscendo inutilem sibi faciet hypothecariam actionem, in tantum, ut putem recte dici,
et dominis litis hoc casu nocere hanc exceptionem.

§ 3. Si convenerit, ne pars dimidia pro indiviso
pignori sit, quæcumque fundi ejus pars a quolibet
possessore petatur, dimidia non recte petetur.

§ 4. Si plures (1) dederint pro indiviso, et cum
uno creditor paciscatur, ne hypothecæ sit, deinde ab
eo petat, etiam si hic, cum quo pactus est, solidum
fundum possideat pro indiviso, quia de parte convenisset, non repellit eum a toto.

§ 5. An pacisci possunt filiusfamilias et servus,
ne res pignori sit, quam peculiariter hypothecam (2)
acceperint, et habent liberam (3) administrationem?
videamus, an, quemadmodum donare non possunt,
ita nec pascisci, ne pignori sit, possint? Sed dicendum est, ut concedere possint, scilicet si pretium
pro pactione accipiant, quasi vendant.

§ 6. Si voluntate creditoris fundus alienatus est,
inverecunde applicari sibi eum creditor desiderat, si
tamen effectus sit secutus venditionis; nam si non
venierit, non est satis ad repellendum creditorem,
quod voluit venire.

§ 7. Supervacuum est quærere, agrum specialiter
hypothecæ datum permissu creditoris venisse, si
ipse debitor re (4) possideat, nisi quod potest fieri,

______

(1) Vulg. inserit: *rem communem.*

(2) Vulg. : *hypothecæ.*

(3) Vulg. inserit : *peculii.*

(4) Hal. : *rem.* Ita etiam Taur. in margine : *rem,* quod nempe in
cod. Flor. ita correctum est.

ne nuise au créancier. De même, si c'est du côté du créancier que se présente un procureur agissant dans son propre intérêt, un pacte semblable qu'il fera avec le débiteur paralysera entre ses mains l'action hypothé-caire, à tel point qu'on dira, je pense, avec raison, que l'exception doit nuire, dans ce cas, même au maître de l'affaire.

§ 3. Si l'on est convenu que la moitié indivise d'une chose cessera d'être hypothéquée, quelle que soit la partie matérielle du fonds qu'on demande contre un possesseur quelconque, la moitié par indivis de cette partie sera comprise à tort dans la demande.

§ 4. Si plusieurs débiteurs ont hypothéqué par indivis un fonds qui leur est commun, que le créancier convienne avec un d'eux qu'il n'aura plus d'hypothèque, et qu'ensuite il intente contre lui l'action hypothécaire, quand même le débiteur avec qui il a fait la convention posséderait le fonds entier par indivis, comme la convention n'a porté que sur une partie, il ne repoussera pas la demande du créancier pour la totalité.

§ 5. Voyons si un fils de famille et un esclave peuvent convenir qu'ils renoncent au gage qu'ils ont reçu pour une affaire de leur pécule, dont ils ont la libre adminis-tration ; ou bien, si, comme ils ne peuvent pas donner, ils ne peuvent pas non plus faire remise du gage. Mais il faut dire qu'ils peuvent faire cette remise, dans le cas où ils recevraient un prix pour cette convention, comme s'ils faisaient une vente.

§ 6. Si un fonds a été aliéné avec la volonté du créan-cier, il ne peut pas honnêtement demander qu'il lui soit délaissé, pourvu cependant que la vente ait eu son effet; car si le projet de vente n'a point été exécuté, il ne suffit pas, pour repousser le créancier, de lui objecter qu'il avait consenti à la vente.

§ 7. Il est superflu d'examiner si un fonds spéciale-ment hypothéqué a été vendu avec le consentement du

ut debitor permissu creditoris vendiderit, deinde postea bona fide redemerit ab eodem, vel ab alio, ad quem per successionem ea res pertinere cœpisset, aut si ipse debitor emtori heres exstiterit. Verumtamen quum pecunia soluta non sit, doli mali suspicio inerit, translata ad præsens tempus, ut possit creditor replicationem doli mali objicere.

§ 8. Illud videamus, si Titius debitor voluntate creditoris sui vendiderit Mævio, vel ei, a quo Mævius emerit (1), et postea Mævius Titio heres exstiterit, et creditor ab eo petat, quid juris sit? Sed uniquum est, auferri ei rem a creditore, qui non successionis jure, sed alio modo rem nactus est. Potest tamen dici, quum Titii dolus in re versetur, ne creditor a possessore pecuniam recipiat, iniquissimum esse, ludificari eum.

§ 9. Quod si is fundus a Mævio alicui obligatus possideatur, cui nondum satisfactum erit (2), tunc rursus æquum erit excipi : *si non voluntate creditoris veniit.* Licet enim dolus malus debitoris interveniat, qui non solvit, tamen secundus creditor, qui pignori accepit, potior est.

§ 10. Tutius tamen est, si debitor a creditore petat, ut ei permittat pignus vendere, quo magis satisfaciat, ante cautionem accipere ab eo, qui rem emturus erit, ut pretium rei venditæ usque ad summam debiti creditori solvatur (3).

---

(1) Hal. : *emerat.*
(2) Hal. : *fuerit.*
(3) Hal. : *solvat.*

créancier, quand le débiteur lui-même le possède. A la vérité, il se peut faire que le débiteur lui-même ait vendu avec la permission du créancier, et qu'ensuite il ait racheté de bonne foi, soit de l'acheteur, soit d'un autre à qui la chose sera parvenue par succession, ou que le débiteur lui-même soit devenu héritier de l'acheteur. Cependant, comme l'argent n'a pas été payé, le débiteur sera suspect de dol, sinon dès le principe, au moins pour le moment présent (1), en sorte que le créancier pourra opposer la réplique du dol.

§ 8. Voyons maintenant ce qu'il faut décider si Titius débiteur a vendu, avec le consentement de son créancier, à Mévius ou à un autre de qui Mévius a acheté depuis, qu'ensuite Mévius soit devenu héritier de Titius, et que le créancier lui intente l'action hypothécaire. Il est sans doute inique que le créancier enlève la chose à quelqu'un qui l'a acquise, non à titre de succession, mais par un autre mode. Cependant on peut dire que, comme il y a ici dol de la part de Titius, qui a fait en sorte que le créancier ne pût recevoir son argent du possesseur, il serait très-inique que le créancier fût ainsi joué.

§ 9. Que si ce fonds possédé par Mévius a été par lui hypothéqué à quelqu'un qui n'est point encore satisfait, il redeviendra équitable d'exciper : *Si le fonds n'a point été vendu du consentement du créancier;* car, bien qu'il y ait dol de la part du débiteur qui n'a pas payé, le second créancier, qui a reçu la chose en gage, doit néanmoins être préféré.

§ 10. Cependant le parti le plus sûr pour le créancier à qui le débiteur demande la permission de vendre le gage, afin d'être plus en état de le satisfaire, c'est de se faire donner, par celui qui va acheter la chose, caution que le prix de la chose vendue lui sera payé, à lui créancier, jusqu'à concurrence de la somme qui lui est due.

---

(1) V. le *Commentaire.*

§ 11. Venditionis autem appellationem generaliter accipere debemus, ut, et si legare permisit, valeat quod concessit; quod ita intelligemus, ut, et si
legatum repudiatum fuerit, convalescat pignus.

§ 12. Si debitor vendiderit rem, nec tradiderit, an
non repellatur creditor, quasi adhuc res in bonis sit
debitoris, an vero, quum teneatur ex emto, pignus
exstinguatur? Quod et magis est. Sed quid, si pretium venditor consecutus non sit, nec paratus sit
emtor dare? Tantumdem potest dici.

§ 13. Sed si permiserit creditor vendere, debitor
vero donaverit, an exceptione illum summoveat? an
facti sit magis quaestio, numquid ideo venire (1) vo-
luerit, ut pretio accepto ipsi quoque res expediat?
Quo casu non nocebit consensus. Quod si in dotem
dederit, vendidisse in hoc casu recte videtur, propter
onera matrimonii. In contrarium, si concessit donare, et vendiderit debitor, repelletur creditor; nisi
si quis dicat ideo concessisse donari, quod amicus
erat creditori is, cui donabatur.

§ 14. Quod si concesserit decem vendere, ille
quinque vendiderit, dicendum est, non esse repellendum creditorem. In contrarium non erit quaeren-
dum, quin recte vendit, si pluris vendiderit, quam
concessit creditor.

§ 15. Non videtur autem consensisse creditor, si
sciente eo debitor rem vendiderit, quum ideo passus
est venire (2), quod sciebat, ubique pignus sibi du-

---

(1) Taur. *veniri*, secundum cod. Flor., ubi mendum, quod alias
correctum est. V. notam (1) p. 84, ad *l.* 7, § 2, *tit. antec.*

(2) Sic Taur. qui hic secutus est correctionem in cod. Flor., in
quo *veniri* mutatum in *venire*. V. notam (1) p. 84.

§ 11. Ce que nous disons à propos de la vente doit être pris d'une manière générale, en sorte que, si le créancier a permis de léguer, cette permission sera valable. Toutefois il est entendu que, si le legs est répudié, le droit de gage reprendra sa force.

§ 12. Si le débiteur a vendu la chose et ne l'a point livrée, faut-il dire que le créancier ne sera pas repoussé, attendu que la chose est encore dans les biens du débiteur, ou que le gage est éteint, parce que le débiteur est tenu, par l'action de l'achat, à livrer la chose? C'est cette dernière solution qui est préférable. Mais que décidera-t-on si le vendeur n'a point obtenu le prix, et que l'acheteur ne soit pas prêt à le payer? On peut faire la même réponse.

§ 13. Mais si le créancier a permis de vendre, et que le débiteur ait donné, le créancier sera-t-il repoussé par une exception? Ou bien sera-ce plutôt une question de fait consistant à savoir si le créancier a voulu la vente, afin que l'affaire lui profitât aussi à lui-même, au moyen du prix qu'il recevrait? Dans ce cas, le consentement qu'il a donné ne lui nuira pas. Que si le débiteur a donné la chose en dot, il sera censé, dans ce cas, l'avoir vendue, à cause des charges du mariage. Au contraire, si le créancier a permis de donner, et que le débiteur ait vendu, le créancier sera repoussé, à moins qu'on ne dise qu'il avait permis de donner, par le motif qu'il était ami de celui qui devait recevoir la donation.

§ 14. Si le créancier a permis de vendre dix, et que le débiteur ait vendu cinq, il faut dire que le créancier ne sera pas repoussé. Au contraire, on ne pourra révoquer en doute qu'il n'ait bien vendu, si le prix est supérieur à celui qui a été fixé par le créancier.

§ 15. Le créancier ne sera pas réputé avoir consenti, par cela seul qu'il a su que le débiteur vendait, quand il a souffert cette vente, parce qu'il savait que son gage subsistait. Mais s'il a souscrit l'acte de vente, il est censé

rare. Sed si subscripserit forte in tabulis emtionis, consensisse videtur, nisi manifeste appareat (1) deceptum esse. Quod observari oportet, et si sine scriptis consenserit.

§ 16. Si debitori concessum sit, et heres ejus vendiderit, potest facti quæstio esse, quid intellexit (2) creditor? Sed recte venisse dicendum est; hæ. enim subtilitates ab judicibus non admittuntur.

§ 17. Si debitor forte concessa venditione (3) desierit possidere, et novus possessor vendiderit, an duret pignus, quasi personæ permiserit creditor? Quod et magis est; nam si novo possessori, non debitori, a quo hypothecam accepit, concessit creditor vendere, dicendum est, nocere ei exceptionem.

§ 18. Sed si intra annum aut biennium consenserit (4) creditor vendere, post hoc tempus vendendo non aufert pignus creditori.

§ 19. Si creditor hypothecaria usus a possessore litis æstimationem consecutus fuerit, et a debitore petat debitum, puto doli mali exceptionem ei obstaturam.

9. MODESTINUS *libro IV Responsorum.*

Titius Sempronio fundum pignori dedit, et eumdem fundum postea Gaio Seio pignori dedit, atque ita idem Titius Sempronio et Gaio Seio fundum eumdem in assem vendidit, quibus pignori ante dederat in solidum singulis. Quæro, an venditione in-

---

(1) Vulg. et Hal. inserunt : *eum.*
(2) Hal. : *intellexerit.*
(3) Vulg. et Hal. inserunt : *rem.*
(4) Vulg. et Hal. : *concesserit.*

avoir consenti, à moins qu'il ne soit évident qu'il a été trompé. Même observation, s'il a consenti sans rien écrire.

§ 16. Si la permission a été accordée au débiteur, et que ce soit son héritier qui ait vendu, il peut s'élever une question de fait sur l'intention du créancier. Mais il faut dire que la vente a été bien faite, car les juges ne s'arrêtent pas à ces subtilités.

§ 17. Si, après avoir obtenu la permission de vendre, le débiteur a cessé de posséder, et que le nouveau possesseur ait vendu, le droit de gage continuera-t-il d'exister, la permission du créancier étant considérée comme personnelle au débiteur? C'est l'opinion préférable. Mais si le créancier avait permis de vendre au nouveau possesseur, et non au débiteur de qui il a reçu l'hypothèque, il faudra dire que l'exception pourra lui être opposée.

§ 18. Mais si le créancier a permis de vendre dans l'année ou dans les deux ans, le débiteur, en vendant après ce temps, n'enlève pas le droit de gage au créancier.

§ 19. Si le créancier, usant de l'action hypothécaire, a obtenu du possesseur l'estimation de la chose, et qu'il demande ensuite au débiteur sa dette, je pense qu'on pourra lui opposer l'exception du dol.

9. MODESTIN, Réponses, liv. IV.

Titius a donné un fonds en gage à Sempronius; il a ensuite engagé le même fonds à Gaius Séius. En cet état de choses, Titius a vendu ce fonds en totalité à Sempronius et à Gaius Séius, à chacun desquels il l'avait engagé auparavant en entier. Je demande si, par cette vente, le droit de gage est éteint, et si par là il ne reste aux deux créanciers que le droit résultant de l'achat. Modestin a répondu que la propriété appartient, à titre d'achat, aux deux créanciers dont il s'agit; mais que, comme, suivant l'exposé, chacun a consenti à la vente faite à l'autre, ils

terposita jus pignoris extinctum sit, ac per hoc jus solum emtionis apud ambos permanserit? Modestinus respondit, dominium ad eos, de quibus quæritur, emtionis jure pertinere (1); quum consensum mutuo venditioni dedisse proponantur, invicem pignoraticiam actionem eos non habere.

§ 1. Titius Seio pecuniam sub pignore fundi dederat; qui fundus quum esset reipublicæ ante obligatus, secundus creditor pecuniam reipublicæ eam solvit (2); sed Mævius exstitit, qui dicebat, ante rempublicam sibi fundum obligatum fuisse; inveniebatur autem Mævius instrumento cautionis cum republica facto a Seio interfuisse, et subscripsisse, quo caverat Seius, fundum nulli alii esse obligatum. Quæro : an actio aliqua in rem Mævio competere potest? Modestinus respondit, pignus, cui is, de quo quæritur, consensit, minime eum retinere posse.

10. PAULUS *libro III Quæstionum.*

Voluntate creditoris pignus debitor vendidit, et postea placuit inter eum et emtorem, ut a venditione discederent. Jus pignorum salvum erit creditori : nam sicut debitori, ita et creditori pristinum jus restituitur; neque omnimodo creditor pignus remittit, sed ita demum, si emtor rem retineat, nec reddat venditori. Et ideo si judicio quoque accepto venditor absolutus sit, vel, quia non tradebat, in id, quod interest, condemnatus, salvum fore pignus

---

(1) Vulg. et Hal. pærfigunt : *et.*
(2) Hal. : *pecuniam reipublicæ exsolvit.*

n'auront plus réciproquement l'un contre l'autre l'action hypothécaire (1).

§ 1. Titius avait prêté à Séius de l'argent en se faisant donner hypothèque sur un fonds. Comme ce fonds était déjà engagé envers une cité, le second créancier a payé à cette cité ce qui lui était dû ; mais Mévius se présentait et soutenait que ce fonds lui avait été hypothéqué avant de l'être à la cité. Or il se trouvait que Mévius avait assisté et apposé sa signature à l'acte passé par Séius avec la cité, acte dans lequel Séius avait déclaré que le fonds n'était obligé à aucun autre. Je demande si quelque action réelle peut compéter à Mévius. Modestin a répondu que le créancier dont il s'agit ne pouvait conserver aucun droit de gage sur la chose, après le consentement qu'il avait donné à ce qu'elle fût hypothéquée.

10. Paul, *Questions, liv. III.*

Le débiteur a vendu le gage, avec le consentement du créancier, et ensuite il est convenu avec l'acheteur de résilier la vente. Le droit de gage sera conservé au créancier ; car, de même que le débiteur rentre dans ses anciens droits, de même le créancier recouvre les siens. En effet, le créancier, en consentant à la vente, n'abandonne pas absolument son droit de gage, il n'en fait remise qu'autant que l'acheteur gardera la chose et ne la rendra pas au vendeur. En conséquence, si le vendeur, actionné par l'acheteur, avait été absous, ou bien avait

---

(1) Hulot a fait, dans cette phrase plusieurs contre-sens : « Mo-
« destin a répondu que les créanciers acquéreurs avaient acquis
« le domaine de la chose à titre d'achat, *parce que* l'un et l'autre,
« suivant l'exposé, avaient consenti à la vente ; *mais qu'ils n'au-*
« raient pas réciproquement l'un contre l'autre *l'action personnelle*
« qui résulte de l'obligation du gage. » V. mon *Commentaire.*

creditori, dicendum est; hæc enim accidere potuissent, etiam si non voluntate creditoris vendidisset.

§ 1. Creditor quoque si pignus distraxit, et ex (1) venditione recessum fuerit, vel homo redhibitus, dominium ad debitorem revertitur. Idemque est in omnibus, quibus concessum est rem alienam vendere; non enim, quia dominium transferunt, ideo ab emtore jus ejus recipiunt, sed in pristinam causam res redit, resoluta venditione.

11. IDEM *libro IV Responsorum*.

Lucius Titius, quum esset uxori suæ Gaiæ Seiæ debitor sub pignore sive hypotheca prædiorum, eadem prædia cum uxore sua Seia Septiciæ communis filiæ nomine Sempronio marito ejus futuro in dotem dedit; postea defuncto Lucio Titio, Septicia filia abstinuit se hereditate paterna. Quæro, an mater ejus hypothecam persequi possit? Paulus respondit, pignoris quidem obligationem prædiorum Gaiam Seiam, quæ viro pro filia communi in dotem eadem danti consensit, quum communis filiæ nomine darentur, remisisse videri, obligationem autem personalem perseverasse; sed adversus eam, quæ patris hereditate se abstinuit, actionem non esse dandam.

12. IDEM *libro V Responsorum*.

Paulus respondit, Sempronium antiquiorem creditorem consentientem, quum debitor eamdem rem

---

(1) Vulg. : *a.*

été condamné aux dommages-intérêts, parce qu'il ne livrait pas la chose, il faut dire que le créancier aura conservé son gage; car tout cela aurait pu arriver, quand même le gage n'aurait pas été vendu avec le consentement du créancier.

§ 1. Pareillement, si le créancier a vendu le gage, et que la vente ait été résiliée, ou que l'esclave vendu ait été restitué pour quelque vice rédhibitoire, la propriété retourne au débiteur. Il en est de même de tous ceux à qui il est permis de vendre la chose d'autrui; car de ce qu'ils transfèrent la propriété, il ne s'ensuit pas qu'ils reprennent de l'acheteur le droit qu'avait acquis celui-ci; mais la chose revient dans son premier état, la vente étant résolue.

11. LE MÊME, *Réponses*, *liv. IV.*

Lucius Titius, étant débiteur de sa femme Gaïa Séia, à qui il avait engagé ou hypothéqué des fonds, a donné, de concert avec sa femme, ces mêmes fonds en dot à Sempronius, futur mari de Septicia, leur fille commune. Ensuite, Lucius Titius étant mort, Septicia, sa fille, s'est abstenue de son hérédité. Je demande si sa mère peut exercer l'action hypothécaire. Paul a répondu que Gaïa Séia paraissait avoir fait remise de l'obligation du gage, en consentant que son mari donnât en dot ces fonds pour leur fille commune; que cependant l'obligation personnelle subsistait, mais que l'action personnelle ne pouvait être donnée contre la fille qui s'était abstenue de l'hérédité paternelle.

12. LE MÊME, *Réponses, liv. V.*

Paul a répondu que Sempronius, créancier plus ancien, consentant à ce que le débiteur obligeât la même

tertio (1) creditori obligaret, jus suum pignoris remisisse videri, non etiam tertium in locum ejus successisse; et ideo medii creditoris meliorem causam effectam. Idem observandum est, et si respublica tertio loco crediderit.

§ 1. Qui pignoris jure rem persequuntur, a vindicatione rei eos removeri solere, si qualiscumque possessor offerre vellet (2); neque enim debit (3) quæri de jure possessoris, quum jus petitoris removeatur, soluto pignore.

13. TRYPHONINUS *libro VIII Disputationum.*

Si deferente creditore juravit debitor, se dare non oportere, pignus liberatur, quia perinde habetur, atque si judicio absolutus esset; nam et si a judice, quamvis per injuriam, absolutus sit debitor, tamen pignus liberatur.

14. LABEO *libro V Posteriorum Javoleno epitomatorum.*

Cum colono tibi convenit, ut invecta, importata pignori essent, donec merces tibi soluta, aut satisfactum esset; deinde mercedis nomine fidejussorem a colono accepisti. Satisfactum tibi videri existimo, et ideo illata pignori (4) esse desiisse.

15. SCÆVOLA *libro VI Digestorum* (5).

Primi creditoris, qui pignori prædia acceperat, et

---

(1) **Vulg. et Hal.** : *Titio.*
(2) Hal. : *offerre debitum velit.*
(3) Hal. : *neque debere quæri.*
(4) Ita Taur. In cod. tamen Flor. : *pignoris.*
(5) Hal. : *lib. V Responsorum.*

chose à un troisième créancier, paraît avoir fait remise de son droit de gage, mais que le troisième créancier n'a pas, pour cela, pris sa place; et que, par conséquent, la position du créancier intermédiaire est devenue meilleure. Il faut décider de même quand ce serait une cité qui eût prêté en troisième lieu.

§ 1. Ceux qui poursuivent une chose en vertu du droit de gage, sont repoussés dans cette revendication, si le possesseur, quel qu'il soit, offre de payer; car on ne doit pas s'enquérir du droit que peut avoir le possesseur, puisque le droit du créancier est écarté par la libération du gage.

13. TRYPHONINUS, *Disputes, liv. VIII.*

Si le débiteur, à qui le créancier déférait le serment, a juré qu'il ne devait pas, le gage est libéré, parce qu'il en est de même que s'il y avait eu jugement d'absolution; car, dans le cas où le débiteur aurait été absous par le juge, même injustement, le gage n'en serait pas moins libéré.

14. LABÉON, *OEuvres dernières, abrégées par Javolenus, liv. V.*

Vous êtes convenu avec votre fermier que les objets qu'il amènerait ou apporterait dans le fonds seraient engagés, jusqu'à ce que le fermage vous eût été payé ou que vous eussiez été satisfait. Ensuite vous avez reçu du fermier un fidéjusseur pour le fermage. Je pense qu'il y a satisfaction, et qu'en conséquence les choses apportées ont cessé d'être engagées.

15. SCÉVOLA, *Digestes, liv. VI.*

L'hérédité du premier créancier qui avait reçu des fonds en gage, et celle du second à qui quelques-uns de

posterioris, cui quidam ex iisdem fundis dati erant, ad eamdem personam hereditas devenerat; debitor offerebat, quantum a posteriore creditore mutuatus fuerat. Respondit, cogendum accipere, salvo jure pignoris prioris contractus.

FINIS LIBRI XX.

ces mêmes fonds avaient été engagés, avait été déférée à la même personne. Le débiteur offrait ce qu'il avait emprunté du dernier créancier. Le jurisconsulte a répondu que l'héritier devait être forcé de recevoir, en conservant le droit de gage affecté au premier contrat.

FIN DU LIVRE XX.

DIGESTORUM SEU PANDECTARUM

LIBER XII.

TITULUS VII.

1. ULPIANUS *libro XL* (1) *ad Sabinum.*

Pignus contrahitur non sola (2) traditione, sed etiam nuda conventione, et si non traditum est.

§ 1. Si igitur contractum sit pignus nuda conventione, videamus, an, si quis aurum ostenderit quasi pignori daturus, et æs dederit, obligaverit aurum pignori? Et consequens est, ut aurum obligetur, non autem æs, quia in hoc non consenserunt (3).

§ 2. Si quis tamen, quum æs pignori daret, affirmavit hoc aurum esse, et ita pignori dederit, videndum erit, an æs pignori obligaverit, et numquid, quia in corpus consensum est, pignori esse videatur? Quod magis est ; tenebitur tamen pignoraticia contraria actione qui dedit, præter stellionatum, quem fecit.

---

(1) Hal. : *lib. XXX.*

(2) Vulg. et Hal. : *solum.*

(3) Taur. : *consenserint;* secutus novam correctionem in cod. Flor., cujus pristina scriptura : *consenserunt,* præferenda. Hal. : *consenserunt.*

DIGESTE OU PANDECTES

LIVRE XIII

TITRE VII.

DE L'ACTION PIGNÉRATITIENNE, DIRECTE ET CONTRAIRE.

1. ULPIEN, *Sur Sabinus, liv. XL.*

Le droit de gage se constitue, non-seulement par la tradition, mais encore par la simple convention, sans que la chose soit livrée.

§ 1. Puis donc le gage est établi par une simple convention, voyons si celui qui aurait montré un objet en or comme voulant le donner en gage, et qui aurait ensuite donné un objet de cuivre, aura obligé l'or. Il est conséquent au principe que l'or soit obligé et non le cuivre, puisque ce n'est pas sur cette dernière matière qu'a porté le consentement des parties.

§ 2. Cependant, si quelqu'un, en donnant du cuivre en gage, a affirmé que c'était de l'or et l'a ainsi livré, il faut voir s'il a effectivement par là engagé le cuivre, et si, attendu qu'il y a eu consentement sur le corps qui a été présenté, il est affecté du droit de gage. C'est le sentiment le plus probable; toutefois, celui qui a donné le gage sera tenu de l'action pignératitienne contraire, indépendamment de la poursuite pour le stellionat qu'il a commis.

2. Pomponius *libro VI ad Sabinum.*

Si debitor rem pignori datam vendidit et tradidit, tuque ei nummos credidisti, quos ille solvit ei creditori, cui pignus dederat, tibique cum eo convenit, ut ea res, quam jam vendiderat, pignori tibi esset, nihil te egisse constat, quia (1) rem alienam pignori acceperis ; ea enim ratione emptorem pignus liberatum habere cœpisse, neque ad rem pertinuisse, quod tua pecunia pignus sit liberatum.

3. Idem *libro XVIII ad Sabinum* (2).

Si quasi recepturus a debitore tuo cominus pecuniam reddidisti ei pignus, isque per fenestram id misit (3), excepturo eo, quem de industria ad id posuerit. Labeo ait, furti te agere cum debitore posse, et ad exhibendum ; et, si agente te contraria pignoraticia excipiat debitor de pignore sibi reddito, replicabitur de dolo et fraude, per quam nec redditum, sed per fallaciam ablatum id intelligitur.

4. Ulpianus *libro XLI ad Sabinum.*

Si convenit de distrahendo pignore, sive ab initio, sive postea, non tantum venditio valet, verum incipit emptor dominium rei habere. Sed et si non convenerit de distrahendo pignore, hoc tamen jure utimur, ut liceat distrahere, si modo non convenit,

---

(1) Hal. : *qui.*

(2) Hal. : *lib. XIX ad Edictum.*

(3) Vulg. et Hal. : *demisit,* loco *id misit.*

2. POMPONIUS, *Sur Sabinus, liv. VI.*

Si un débiteur a vendu et livré la chose qu'il avait donnée en gage, qu'ensuite vous lui ayez prêté de l'argent, qu'il a employé à payer le créancier à qui il avait donné le gage, et que vous soyez convenu avec lui que la chose qu'il avait déjà vendue vous serait engagée, il est certain que cette convention est sans effet, parce que vous avez reçu en gage la chose d'autrui. Car, par cette opération, la chose s'est trouvée affranchie du droit de gage entre les mains de l'acheteur, et peu importe que ce soit par vos deniers que le gage ait été libéré.

3. LE MÊME, *Sur Sabinus, liv. XVIII.*

Si comptant recevoir immédiatement de l'argent de votre débiteur, vous lui avez rendu le gage, et qu'il l'ait jeté par le fenétre à quelqu'un qu'il avait aposté pour le recevoir, Labéon dit que vous pourrez intenter contre le débiteur l'action du vol et l'action en exhibition ; et que, dans le cas où vous voudrez agir par l'action pignératitienne contraire, si le débiteur excipe de la reddition du gage, vous lui opposerez la réplique du dol et de la fraude, par laquelle vous montrerez que le gage n'est pas censé rendu, mais enlevé par surprise.

4. ULPIEN, *Sur Sabinus, liv. XLI.*

Si l'on est convenu, soit dès le principe, soit postérieurement, que le gage serait vendu, non-seulement la vente est valable, mais l'acheteur acquiert la propriété. Mais, quand même il n'y aurait pas eu de convention à cet égard, il est cependant reçu dans l'usage que la vente est permise, pourvu qu'on ne soit pas expressément convenu qu'elle serait interdite. Lorsqu'on est

ne liceat. Ubi vero convenit, ne distraheretur, creditor, si distraxerit, furti obligatur, nisi ei ter fuerit denuntiatum, ut solvat, et cessaverit.

5. POMPONIUS *libro XIX ad Sabinum*.

Idque juris est, sive omnino fuerint pacti, ne veneat, sive in summa, aut conditione, aut loco contra pactionem factum sit.

6. IDEM *libro XXXV ad Sabinum*.

Quamvis convenerit, ut fundum pignoraticium (1) tibi vendere liceret, nihilo magis cogendus es vendere, licet solvendo non sit is, qui pignus dederit, quia tua causa id caveatur. Sed Atilicinus, ex causa cogendum creditorem esse ad vendendum, dicit. Quid enim, si multo minus sit, quod debeatur, et hodie pluris venire possit pignus, quam postea? Melius autem est dici, eum, qui dederit pignus, posse vendere, et accepta pecunia solvere id, quod debeatur, ita tamen, ut creditor necessitatem habeat ostendere rem pignoratam, si mobilis sit, prius idonea cautela a debitore pro indemnitate ei præstanda; invitum enim creditorem cogi vendere, satis inhumanum est.

---

(1) Vulg.: *pignoratum*.

convenu que la chose ne serait pas vendue, si le créancier la vend, il se soumet à l'action du vol, à moins qu'il
n'ait fait au débiteur trois sommations de payer et que
celui-ci n'y ait pas obtempéré.

5. POMPONIUS, *Sur Sabinus liv. XIX.*

Il faut décider ainsi, soit que le créancier ait enfreint
une convention portant défense absolue de vendre, soit
qu'il ait contrevenu à une convention qui aurait réglé
la somme, la condition ou le lieu de la vente (1).

6. LE MÊME, *Sur Sabinus liv. XXXV.*

Quoiqu'il y ait eu convention que vous pourriez
vendre le fonds engagé, vous ne pouvez pour cela être
forcé à vendre, quoique celui qui a donné le gage ne soit
pas solvable, parce que c'est dans votre intérêt que cette
clause a été ajoutée. Mais Atilicinus dit que le créancier
peut, suivant les circonstances, être contraint de vendre;
car ne peut-il pas arriver que la dette soit de beaucoup
inférieure à la valeur du gage, et que le gage puisse aujourd'hui se vendre plus cher qu'il ne le pourrait par la
suite? Toutefois, il vaut mieux dire que le débiteur qui
a donné le gage peut le vendre, et du prix qu'il recevra
payer ce qu'il doit, de manière cependant que le créancier sera tenu de montrer la chose qui lui a été donnée
en gage, si elle est mobilière, en recevant préalablement
du débiteur caution suffisante pour son indemnité; car
il est trop dur (2) de forcer le créancier à vendre lui-
même la chose.

-----

(1) Hulot n'a pas compris ce passage : « Ceci doit avoir lieu, *quoi-*
» *qu'on soit convenu absolument que le gage ne serait pas vendu,* et
» *que* le créancier contrevienne à la convention qui a fixé la
» somme, le temps et les conditions sous lesquelles *la chose serait*
» *vendue.* »

(2) Hulot suppose à tort que Pomponius admet que le créancier
peut être forcé de vendre; il traduit ainsi : « Car il est *déjà* assez
» dur qu'on le force à vendre. »

§ 1. Si creditor pluris fundum pignoratum vendiderit, si id fœneret, usuram ejus pecuniæ præstare debet ei, qui dederit pignus. Sed et si ipse usus sit ea pecunia, usuram præstari oportet; quod si eam depositam habuerit, usuras non debet.

7. PAULUS *libro II Sententiarum.*

Si autem tardius superfluum restituat creditor id, quod apud eum depositum est, ex morá etiam usuras debitori hoc nomine præstare cogendus est.

8. POMPONIUS *libro XXXV ad Sabinum.*

Si necessarias impensas fecerim in servum aut in fundum, quem pignoris causa acceperim (1), non tantum retentionem, sed etiam contrariam pignoraticiam actionem habebo. Finge enim medicis, quum ægrotaret servus, dedisse me pecuniam, et eum decessisse; item insulam fulsisse vel refecisse, et postea deustam esse, nec habere, quod possem retinere.

§ 1. Si pignori plura mancipia data sint, et quædam certis pretiis ita vendiderit creditor, ut evictionem eorum præstaret, et creditum suum habeat, reliqua mancipia potest retinere, donec et caveatur, quod evictionis nomine promiserit, indemnem eum futurum.

§ 2. Si unus ex heredibus debitoris (2) portionem suam solverit, tamen tota res pignori data venire poterit, quemadmodum si ipse debitor portionem solvisset.

§ 3. Si annua, bima, trima die triginta stipulatus,

---

(1) Hal. : *acceperam.*

(2) Taur. vocem *debitoris* non habet; sed legitur manifeste in cod. Flor.

§ 1. Si le créancier vend le gage plus qu'il ne lui est dû, et place l'excédant à intérêt, il doit compte des intérêts de cette somme à celui qui lui a donné le gage. S'il a lui-même fait usage de cet argent, il faut encore qu'il en paye les intérêts ; mais, s'il l'a gardé en dépôt, il n'en doit pas les intérêts.

7. PAUL, *Sentences, liv. II.*

Cependant si le créancier restitue trop tard au débiteur le surplus qui est resté en dépôt chez lui, il doit encore en payer les intérêts, à cause de sa demeure.

8. POMPONIUS, *Sur Sabinus, liv. XXXV.*

Si j'ai fait des dépenses nécessaires pour l'esclave ou pour le fonds que j'ai reçu en gage, j'aurai non-seulement la rétention, mais l'action pignératitienne contraire : par exemple, pendant une maladie de l'esclave, j'ai donné de l'argent aux médecins, et il est mort ; ou encore j'ai étayé ou réparé une maison, et ensuite elle a été incendiée, de manière que je n'ai plus rien que je puisse retenir.

§ 1. Si plusieurs esclaves ont été donnés en gage, et que le créancier en ait vendu quelques-uns un certain prix, avec la clause de garantie en cas d'éviction, et qu'il ait retiré ainsi le montant de sa créance, il peut retenir les autres esclaves jusqu'à ce que le débiteur lui donne caution de l'indemniser de l'obligation qu'il a contractée à raison de l'éviction.

§ 2. Si l'un des héritiers du débiteur a payé sa part, la chose donnée en gage pourra néanmoins être vendue en entier, comme si le débiteur avait lui-même payé une partie de la dette.

§ 3. Si, ayant stipulé trente, payables en trois termes d'un an, j'ai reçu un gage, et que je sois convenu qu'il me sera permis de vendre le gage, si chaque payement

acceperim pignus, pactusque sim, ut, nisi sua quaque die pecunia soluta esset, vendere eam mihi (1) liceret, placet ante, quam omnium pensionum dies veniret, non posse me pignus vendere, quia eis verbis omnes pensiones demonstrarentur. Nec verum est, sua quaque die non solutam pecuniam, antequam omnes dies venirent; sed omnibus pensionibus præteritis, etiamsi una portio soluta non sit, pignus potest venire. Sed si ita scriptum sit : *si qua pecunia sua die soluta non erit*, statim competit ei pacti conventio.

§ 4. De vendendo pignore in rem pactio (2) concipienda est, ut omnes contineantur. Sed et si creditoris duntaxat persona fuerit comprehensa, etiam hœres ejus jure vendet, si nihil in contrarium actum est.

§ 5. Cum pignus ex pactione venire potest, non solum ob sortem non solutam venire poterit, sed ob cætera quoque, veluti usuras, et quæ in id impensa sunt.

9. ULPIANUS *libro XXVIII ad Edictum.*

Si rem alienam mihi debitor pignori dedit aut malitiose in pignori versatus sit, dicendum est, locum habere contrarium judicium.

§ 1. Non tantum autem ob pecuniam, sed et ob aliam causam pignus dari potest, veluti si quis pignus alicui dederit, ut pro se fidejubeat.

§ 2. Proprie pignus dicimus, quod ad creditorem transit; hypothecam, quum non transit, nec possessio ad creditorem.

---

(1) Hal. inserit : *rem.*
(2) In cod. Flor. : *in rem et pactio.*

n'est pas fait à son terme, on décide que je ne puis pas vendre le gage avant que tous les termes soient échus ; parce que les expressions employées paraissent comprendre tous les payements ; et il n'est pas vrai de dire que chaque payement n'a pas été fait à son terme, avant que l'échéance du dernier soit arrivée. Mais tous les termes une fois passés, quand même une seule portion resterait due, le gage peut être vendu. Cependant si l'écrit portait : « si un payement n'est pas fait à son terme, » la convention produirait aussitôt son effet.

§ 4. Le pacte touchant le pouvoir de vendre le gage doit être conçu en termes généraux, pour que tous y soient compris. Mais alors même que la personne du créancier a seule été mentionnée, son héritier aura aussi le droit de vendre, s'il n'y a pas eu de convention contraire.

§ 5. Lorsque la vente du gage est permise d'après la convention, il pourra être vendu à défaut de payement, non-seulement du capital, mais encore des accessoires, comme les intérêts et les dépenses faites pour la conservation du gage.

9. ULPIEN, *sur l'Edit, liv. XXVIII.*

Si mon débiteur m'a donné en gage la chose d'autrui, ou s'est conduit avec mauvaise foi relativement au gage, il faut dire qu'il y aura lieu à l'action pignératitienne contraire.

§ 1. Un gage peut-être donné, non-seulement pour une dette pécuniaire, mais même pour toute autre cause, par exemple, si vous donnez un gage à quelqu'un, afin qu'il se porte fidéjusseur pour vous.

§ 2. A proprement parler, il y a gage, quand la chose passe au créancier ; hypothèque, quand rien ne passe au créancier, pas même la possession.

§ 3. Omnis pecunia exsoluta esse debet, aut eo nomine satisfactum esse, ut nascatur pignoraticia actio. Satisfactum autem accipimus, quemadmodum voluit creditor, licet non sit solutum; sive (1) aliis pignoribus sibi caveri voluit, ut ab hoc recedat, sive fidejussoribus sive reo dato, sive pretio aliquo, vel nuda conventione, nascitur pignoraticia actio. Et generaliter dicendum erit, quoties recedere voluit creditor a pignore, videri ei satisfactum, si, ut ipse voluit, sibi cavet, licet in hoc deceptus sit.

§ 4. Is quoque, qui rem alienam pignori dedit, soluta pecunia potest pignoraticia experiri.

§ 5. Qui ante solutionem egit pignoraticia, licet non recte egit, tamen si offerat in judicio pecuniam, debet rem pignoratam et quod sua interest consequi.

10. GAIUS *libro IX* (2) *ad Edictum provinciale.*

Quod si non solvere, sed alia ratione satisfacere paratus est, forte si expromissorem dare vult, nihil ei prodest.

11. ULPIANUS *libro XXVIII* (3) *ad Edictum.*

Solutum non videtur, si lis contestata cum debitore sit de ipso debito, vel si fidejussor conventus fuerit.

§ 1. Novata autem debiti obligatio pignus perimit, nisi convenit, ut pignus repetatur.

§ 2. Si, quasi daturus tibi pecuniam, pignus accepero, nec dedero, pignoraticia actione tenebor,

---

(1) Vulg. et Hal. inserunt : *enim.*
(2) Hal. : *lib. VIII.*
(3) Hal. : *lib. XXXVIII.*

§ 3. Il faut que tout l'argent ait été payé au créancier ou qu'il ait été satisfait, pour que l'action pignératitienne prenne naissance. Nous entendons que le créancier est satisfait, toutes les fois qu'il a ce qu'il a voulu, quoiqu'il n'y ait pas eu payement ; par exemple, s'il a désiré qu'on lui donnât de nouveaux gages, pour abandonner celui-là, ou s'il a accepté d'autres sûretés, comme un fidéjusseur ou un expromineur, ou qu'il ait fait remise du gage moyennant un prix ou par une simple convention : dans tous ces cas l'action pignératitienne commence. En règle générale, toutes les fois que le créancier a voulu renoncer au gage, il est censé satisfait, s'il a obtenu le genre de sûretés qu'il a voulu, quoiqu'il se soit trompé à cet égard.

§ 4. Celui-là même qui a donné en gage la chose d'autrui, peut, après avoir payé, exercer l'action pignératitienne.

§ 5. Quoique celui qui a intenté l'action pignératitienne, avant d'avoir payé, n'agisse pas régulièrement, si pourtant il offre l'argent pendant l'instance, il doit obtenir la chose engagée et ses dommages-intérêts.

10. Gaius, *Sur l'Edit provincial, liv. IX.*

Mais s'il est prêt non pas à payer, mais à satisfaire le créancier d'une autre manière, par exemple, s'il veut donner un expromisseur, cela ne lui servira à rien.

11. Ulpien, *sur l'Edit, liv. XXVIII.*

Le payement n'est pas censé avoir eu lieu, s'il y a eu litis-contestation avec le débiteur sur la dette même, ou si le fidéjusseur a été actionné.

§ 1. Mais la novation de la dette éteint le gage, à moins qu'on ne soit convenu que le gage serait affecté à la nouvelle obligation.

§ 2. Si, annonçant que je vais vous prêter de l'argent,

et nulla solutione facta. Idemque, et si accepto lata sit pecunia, vel conditio defecit, ob quam pignus contractum est, vel si pactum, cui standum est, de pecunia non petenda factum est.

§ 3. Si in sortem duntaxat, vel in usuras obstrictum est pignus, eo soluto, propter quod obligatum est, locum habet pignoraticia. Sive autem usuræ in stipulatum sint deductæ, sive non, si tamen pignus et in eat obligatum fuit, quamdiu quid ex his debetur, pignoraticia cessabit. Alia causa est earum, quas quis supra licitum modum promisit; nam hæ penitus illicitæ sunt.

§ 4. Si creditori plures heredes exstiterint, et uni ex his pars ejus solvatur, non debent cæteri heredes creditoris injuria affici, sed possunt totum fundum vendere, oblato debitori eo, quod coheredi eorum solvit. Quæ sententia non est sine ratione.

§ 5. Solutam autem pecuniam accipiendum, non solum si ipsi, cui obligata res est, sed et si alii sit soluta voluntate ejus, vel ei cui heres exstitit, vel procuratori ejus, vel servo pecuniis exigendis præposito. Unde si domum conduxeris, et ejus partem mihi locaveris, egoque locatori tuo pensionem solvero, pignoraticia adversus te potero experiri. Nam Julianus scribit, solvi ei posse; et si partem tibi, partem ei solvero, tantumdem erit dicendum. Plane in eam duntaxat summam invecta mea et illata tenebuntur, in quam cœnaculum conduxi; non enim credibile est, hoc convenisse, ut ad universam pensionem insulæ frivola mea tenebuntur (1). Videtur

______

(1) Hal. melius : *teneantur*.

j'ai reçu de vous un gage, et que je ne vous aie pas prêté, je serai tenu de l'action pignératitienne même sans qu'il y ait eu de payement. Il en est de même si une acceptation a été faite, ou si la condition sous laquelle le gage a été obligé a défailli, ou s'il a été fait un pacte valable par lequel le créancier a renoncé à demander la dette.

§ 3. Si le gage n'a été affecté qu'au capital seulement, ou aux intérêts, l'action pignératitienne aura lieu dès que la somme pour laquelle le gage a été obligé, aura été payée. Soit que la promesse des intérêts ait été faite par stipulation ou non, si toutefois le gage a été affecté aussi aux intérêts, tant qu'il en restera dû quelque chose, l'action pignératitienne ne sera pas ouverte. Il en est autrement des intérêts qu'on a promis au-dessus du taux légal ; car ils sont complétement illicites.

§ 4. Si le créancier a eu plusieurs héritiers, et que l'un d'eux reçoive le payement de sa part, les autres ne doivent en éprouver aucun tort, mais ils peuvent vendre tout le fonds en offrant au débiteur le remboursement de ce qu'il a payé à leur cohéritier. Ce sentiment est fondé en raison.

§ 5. On doit regarder la dette comme payée, non seulement quand le payement a été fait à celui à qui la chose a été engagée, mais encore quand il a été fait à un autre suivant sa volonté, ou à quelqu'un dont il est héritier (1), ou à son procureur, ou à l'esclave préposé à ses recouvrements. Conséquemment, si vous avez pris à bail une maison et que vous m'en ayez sous-loué une partie, et que j'aie payé mon loyer à votre locateur, je pourrai intenter contre vous l'action pignératitienne ; car Julien écrit qu'on peut lui payer. Il en faut dire autant, si je paie une partie à vous et une partie à lui. Mais mes meubles ne seront tenus que pour la somme

____

(1) Hulot traduit ainsi : « ... à un autre suivant sa volonté, » *comme* à celui dont il est héritier. » L'héritier qui consent qu'on paie à son auteur!....

autem tacite et cum domino ædium hoc convenisse, ut non pactio cœnacularii proficiat domino, sed sua propria.

§ 6. Per liberam autem personam pignoris obligatio nobis non acquiritur, adeo ut nc (1) per procuratorem plerumque vel (2) tutorem acquiratur, et ideo ipse actione pignoraticia convenientur. Sed nec mutat, quod constitutum est ab Imperatore nostro, posse per liberam personam possessionem acquiri ; nam hoc eo pertinebit, ut possimus pignoris nobis obligati possessionem per procuratorem vel tutorem apprehendere : ipsam autem obligationem libera persona nobis non semper acquirit.

§ 7. Sed si procurator meus vel tutor rem pignori dederit, ipse agere pignoraticia poterit. Quod in procuratore ita procedit, si ei mandatum fuerit pignori dare.

12. Gaius *libro IX* (3) *ad Edictum provinciale.*

Vel universorum bonorum administratio ei permissa est ab eo, qui sub pignoribus solebat mutuas pecunias accipere.

13. Ulpianus *libro XXXVIII* (4) *ad Edictum.*

Si, quum venderet creditor pignus, convenerit inter ipsum et emptorem, ut, si solverit debitor pecuniam pretii emptori, liceret ei recipere rem suam, scripsit Julianus ; et est rescriptum, ob hanc conventionem

---

(1) Vulg. et Hal. : *nec.*
(2) Hal. : *nec.*
(3) Hal. : *lib. XI.*
(4) Hal. : *lib. XXXV.*

pour laquelle j'ai loué mon petit appartement ; car il n'est pas croyable qu'il ait été convenu que mon chétif mobilier répondrait du loyer de la maison entière. Du reste, une convention tacite est censée intervenue, à cet égard, avec le propriétaire lui-même de la maison, en sorte que ce n'est pas du pacte fait par le locataire principal que profite le propriétaire, mais de celui qu'il a fait lui-même (1).

§ 6. L'obligation du gage ne peut pas nous être acquise par une personne libre, tellement qu'elle ne nous est pas acquise ordinairement par un procureur ou un tuteur, et par conséquent c'est contre ces derniers que sera intentée l'action pignératitienne. Ce principe n'est point changé par la constitution dans laquelle notre empereur déclare que la possession peut être acquise par le ministère d'une personne libre ; car cette décision s'appliquera en ce sens que nous pourrons, par l'entremise d'un procureur ou d'un tuteur, appréhender la possession d'un gage qui nous a été obligé ; mais l'obligation même du gage ne pourra pas toujours nous être acquise par une personne libre.

§ 7. Mais si mon procureur ou mon tuteur a donné ma chose en gage, il pourra agir lui-même par l'action pignératitienne. Cela n'est vrai à l'égard du procureur, qu'autant qu'il aura reçu mandat de donner cette chose en gage.

12. GAIUS, *Sur l'Edit provincial, liv. IX.*

Ou que l'administration de tous les biens lui aura été confiée par quelqu'un qui avait l'habitude d'emprunter de l'argent sur gages.

13. ULPIEN, *Sur l'Edit, liv. XXXVIII.*

Quand un créancier, en vendant un gage, est convenu

---

(1) Hulot fait un contresens : « Il y a en ce cas une convention » tacite avec le propriétaire de la maison, *qui fait qu'il ne peut tirer* » *avantage que de son obligation avec son locataire,* et non pas de » l'arrangement du sous-locataire. »

pignoraticiis actionibus teneri creditorem, ut debitori mandet ex vendito actionem adversus emptorem. Sed et ipse debitor aut vindicare rem poterit, aut in factum actione adversus emptorem agere.

§ 1. Venit autem in hac actione (1) et dolus et culpa, ut in commodato; venit et custodia; vis major non venit.

14. Paulus *libro XXIX ad Edictum* (2).

Ea igitur, quæ diligens paterfamilias in suis rebus præstare solet, in creditore exiguntur.

15. Ulpianus *libro XXVIII ad Edictum*.

Creditor eum pignus reddit, de dolo debet debitori repromittere; et si prædium fuit pignoratum, et de jure ejus repromittendum est, ne forte servitutes, cessante uti creditore, amissæ sint.

16. Paulus *libro XXIX ad Edictum*.

Tutor, lege non refragante, si dederit rem pupilli pignori, tuendum erit, scilicet si in rem pupilli pecuniam accipiat. Idem est in curatore adolescentis vel furiosi.

§ 1. Contrariam pignoraticiam creditori actionem competere, certum est. Proinde si rem alienam, vel alii pignoratum, vel in publicum obligatam dedit, tenebitur, quamvis et stellionatus crimen committat. Sed utrum ita demum si scit, an et si ignoravit? Et quantum ad crimen pertinet, excusat ignorantia;

---

(1) Hal.: *in hanc actionem.*
(2) Hal.: *ad Sabinum.*

avec l'acheteur que, si le débiteur remboursait le prix à l'acheteur, il lui serait permis de reprendre sa chose, Julien a écrit, et cela a été aussi décidé par un rescrit impérial, qu'à cause de cette convention le créancier est tenu, par l'action pignératitienne, à céder au débiteur l'action de la vente contre l'acheteur. Le débiteur pourra aussi de son chef, ou revendiquer la chose, ou intenter contre l'acheteur une action *in factum*.

§ 1. L'action pignératitienne comprend la responsabilité du dol et de la faute, comme l'action du commodat ; elle comprend aussi celle de la garde de la chose, mais non de la force majeure.

14. PAUL, *Sur l'Edit, liv. XXIX.*

On exige donc du créancier les soins qu'un père de famille diligent apporte aux choses qui lui appartiennent.

15. ULPIEN, *Sur l'Edit, liv. XXVIII.*

Lorsque le créancier rend le gage, il doit garantir au débiteur qu'il n'a point commis de dol ; si c'est un fonds qui a été donné en gage, il doit aussi lui garantir qu'il en a conservé les droits ; car des servitudes auraient pu être perdues par la négligence du créancier à en user.

16. PAUL, *Sur l'Edit, liv. XXIX.*

Si le tuteur, dans les cas où la loi ne s'y oppose pas, a donné en gage la chose du pupille, le gage doit être maintenu, en supposant qu'il ait emprunté pour les affaires du pupille. Il en est de même du curateur d'un mineur ou d'un fou.

§ 1. Il est certain que le créancier a l'action pignératitienne contraire. En conséquence, si le débiteur a donné en gage une chose appartenant à autrui, ou déjà engagée à un autre, ou obligée envers l'état, il sera tenu de cette action, quoiqu'il encoure d'ailleurs la poursuite criminelle du stellionat. Mais n'en est-il ainsi qu'autant

quantum ad contrarium judicium, ignorantia eum non excusat, ut Marcellus libro sexto Digestorum scribit. Sed si sciens creditor accipiat vel alienum, vel obligatum, vel morbosum, contrarium ei non competit.

§ 2. Etiam vectigale prædium pignori dari potest. Sed et superficiarium, quia hodie utiles actiones superficiariis dantur.

17. MARCIANUS *libro singulari ad Formulam hypothecariam.*

Sane divi Severus et Antonnius recripserunt, ut sine deminutione mercedis soli obligabitur (1).

18. PAULUS *libro XXIX ad Edictum.*

Si convenerit, ut nomen debitoris mei pignori tibi sit, tuenda est a Prætore hæc conventio, ut et te in exigenda pecunia, et debitorem adversus me, si cum eo experiar, tueatur. Ergo si id nomen pecuniarium fuerit, exactam pecuniam tecum pensabis; si vero corporis alicujus, id, quod acceperis, erit tibi pignoris loco.

§ 1. Si nuda proprietas pignori data sit, ususfructus, qui postea accreverit, pignori erit (2) Eadem causa est alluvionis.

---

(1) Hal.: *obligaretur.* Vulg. transfert *ut*, sic : *Sane ut divi — sine deminutione,* etc.

(2) Hal. : *cedit.*

qu'il connaît ces circonstances? ou sera-t-il tenu quand même il les aurait ignorées? A l'égard de la poursuite criminelle, l'ignorance l'excuse; mais quand à l'action contraire, l'ignorance n'est pas pour lui une excuse, comme l'écrit Marcellus au livre XVI de son Digeste. Mais si le créancier savait que la chose qu'il recevait appartenait à autrui, ou était déjà hypothéquée, ou était vicieuse, il n'aura pas l'action contraire.

§ 2. On peut donner en gage même un fonds emphytéotique, ainsi qu'une maison qu'on possède en vertu du droit de superficie; car aujourd'hui les actions utiles sont accordées à ceux qui possèdent à ce titre.

17. MARCIEN, *Sur la Formule hypothécaire*, *liv. unique*.

Mais les empereurs Sévère et Antonin ont déclaré par un rescrit, que cette constitution de gage ne pourrait porter aucun préjudice à la redevance due au propriétaire du sol (1).

18. PAUL, *Sur l'Edit, liv. XXIX*.

Si nous sommes convenus que ma créance contre mon débiteur vous sera engagée, cette convention doit être protégée par le préteur, de manière qu'il accordera son appui et à vous pour exiger l'argent, et à mon débiteur pour se défendre contre la demande que je formerais contre lui. Conséquemment, si la créance est pécuniaire, vous compenserez l'argent que vous aurez reçu avec ce qui vous est dû; et si l'objet de l'obligation est un corps certain, quand vous l'aurez reçu, il vous tiendra lieu de gage.

§ 1. Si la nue-propriété d'une chose vous a été donnée en gage, l'usufruit qui s'y réunirait par la suite vous sera engagé. Il en sera de même de l'alluvion.

---

(1) Hulot traduit ceci d'une étrange manière : « Pourvu.... que, » par la redevance qu'il paie, le sol n'en souffre aucun préjudice. »

§ 2. Si fundus pignoratus venierit, manere causam pignoris (1), quia cum sua causa fundus transeat, sicut in partu ancillæ, qui post venditionem natus sit.

§ 3. Si quis caverit, ut silva sibi pignori esset, navem ex ea materia factam non esse pignoris (2), Cassius ait, quia aliud sit materia, aliud navis; et ideo nominatim in dando pignore adjiciendum esse ait : *quæque ex silva facta natave sint.*

§ 4. Servus rem peculiarem si pignori dederit, tuendum est, si liberam peculii administrationem habuit; nam et alienare eas res potest.

19. MARCIANUS *libro singulari ad Formulam hypothecariam.*

Eadem et de filio familias dicta intelligemus.

20. PAULUS *libro XXIX ad Edictum.*

Aliena res pignori dari voluntate domini potest. Sed et si ignorante eo data sit, et ratum habuerit, pignus valebit.

§ 1. Si pluribus res simul pignori detur, æqualis omnium causa est.

§ 2. Si per creditorem stetit, quo minus ei solvatur, recte agitur pignoraticia.

§ 3. Interdum et si soluta sit pecunia, tamen pignoraticia actio inhibenda est, veluti si creditor pignus suum emerit a debitore.

---

(1) Hal. addit. : *constitit.*
(2) Hal. : *pignori.*

§ 2. Si un fonds engagé a été vendu, il reste affecté du droit de gage, parce qu'il passe à l'acheteur dans l'état où il se trouve ; il en est de même de l'enfant dont l'esclave vendue accouche après la vente.

§ 3. Si quelqu'un est convenu qu'une forêt lui sera engagée, Cassius dit que le navire fait avec le bois qui en est tiré, n'est pas engagé, parce qu'autre chose est le bois, autre chose est le navire ; et qu'ainsi, dans l'acte d'établissement du gage, il faut ajouter expressément : « Et tout ce qui sera fait avec le bois de cette forêt ou en proviendra. »

§ 4. Quand un esclave a donné en gage une chose de son pécule, le gage sera valable, s'il avait la libre administration de son pécule ; car il peut même aliéner les choses qui y sont comprises.

19. MARCIEN, *Sur la Formule hypothécaire, liv. unique.*

Nous devons appliquer la même décision au fils de famille.

20. PAUL, *Sur l'Edit, liv. XX.*

On peut donner en gage la chose d'autrui du consentement du propriétaire. Si même elle a été donnée en gage à son insu, et qu'il ait ratifié, le gage vaudra.

§ 1. Si une chose est donnée en gage à plusieurs créanciers en même temps, la position de tous est égale.

§ 2. S'il a dépendu du créancier de recevoir son payement, l'action pignératitienne est régulièrement intentée.

§ 3. Quelquefois, quoique l'argent ait été payé, l'action pignératitienne sera pourtant refusée, par exemple si le créancier a acheté son gage du débiteur.

21. IDEM *libro VI Brevium* (1).

Domo pignori data et area ejus tenebitur; est enim pars ejus : et contra, jus soli sequetur ædificium (2).

22. ULPIANUS *libro XXX* (3*) ad Edictum.*

Si pignore subrepto furti egerit creditor, totum, quidquid percepit, debito eum imputare (4), Papinianus confitetur. Et est verum, etiamsi culpa creditoris furtum factum sit. Multo magis hoc erit dicendum in eo, quod ex condictione consecutus est. Sed quod ipse debitor furti actione præstitit creditori, vel condictione, an debito sit imputandum? videamus. Et quidem non oportere id ei restitui, quod ipse ex furti actione præstitit, peræque relatum est et traditum. Et ita Papinianus libro nono (5) Quæstionum ait.

§ 1. Idem Papinianus ait, et si metus causa servum pignoratum debitori tradiderit, quem bona fide pignori acceperat; nam si egerit, quod metus causa factum est, et quadruplum sit consecutus, nihil neque (6) restituet ex eo, quod consecutus est, nec debito imputabit.

§ 2. Si prædo rem pignori dederit, competit ei et de fructibus pignoraticia actio, quamvis ipse fructus suos non faciet (7) : a prædone enim fructus et vindicari exstantes possunt, et consumpti condici; proderit igitur ei, quod creditor bona fide possessor fuit.

---

(1) Gothofr. in nota : *al. Brevis edicti.* Et ita habet Taur. in margine, et Hal.

(2) Vulg. : *e contrario solum sequitur ædificium.*

(3) Hal. : *lib. XXVIII.*

(4) Hal. : *debito imputari.*

(5) Hal. - *octavo.*

(6) Vulg. : *nihil ei restituet.* Hal. *nihil* expunxit. Nihil mutandum; *nihil neque* est loco *neque quicquam,* imitatione Græcorum (Brenkmann).

(7) Vulg. et Hal. : *facit.*

21. LE MÊME, *Sur le Bref Edit,* (1) *liv. VI.*

Lorsqu'une maison a été donnée en gage, le sol est aussi engagé, car c'est une partie de la maison. Réciproquement, le droit établi sur le sol frappera aussi sur l'édifice qui y sera élevé.

22. ULPIEN, *Sur l'Edit, liv. XXX.*

Si, le gage ayant été dérobé, le créancier a agi par l'action du vol, Papinien dit qu'il doit imputer sur la dette tout ce qu'il aura reçu; et cela est vrai, quand même le vol aurait eu lieu par la faute du créancier. A plus forte raison faudra-t-il le décider ainsi pour ce qu'il aura obtenu par la condition. Mais voyons s'il faut imputer sur la dette ce que le débiteur lui-même aurait compté au créancier, soit en vertu de l'action du vol, soit en vertu de la condiction. D'après l'opinion accréditée à la fois par les auteurs et par la pratique, il ne faut pas restituer au débiteur ce qu'il a lui-même payé par suite de l'action du vol. C'est aussi l'avis de Papinien au livre IX.

§ 1. Papinien décide de même dans le cas où le créancier a été forcé par la crainte à livrer au débiteur l'esclave qu'il avait reçu de bonne foi en gage; car s'il a intenté l'action donnée à l'occasion des actes faits par crainte et a ainsi obtenu le quadruple, il ne restitue rien de ce qu'il a obtenu et il n'impute rien sur la dette.

§ 2. Si une chose a été donnée en gage par celui qui la possédait de mauvaise foi, l'action pignératitienne lui compétera même pour les fruits, quoique lui-même ne fasse pas les fruits siens : car le possesseur de mauvaise foi peut être actionné par la revendication pour les fruits existants et par la condiction pour les fruits consommés. Il profitera donc de ce que le créancier a été possesseur de bonne foi.

---

(1) V. le *Commentaire.*

§ 3. Si post distractum pignus debitor, qui precario rogavit vel conduxit pignus, possessionem (1) non restituat, contrario judicio tenetur.

§ 4. Si creditor, quum venderet pignus, duplam promisit, nam usu hoc evenerat, et conventus ob evictionem erat, et condemnatus, an haberet (2) regressum pignoraticiæ contrariæ actionis? Et potest dici, esse regressum, si modo sine dolo et culpa sic vendidit, et ut paterfamilias diligens id gessit; si vero nullum emolumentum talis venditio (3) attulit, sed tanti venderet, quanto (4) vendere potuit, etiamsi hæc non promisit, regressum non habere.

23. TRYPHONINUS *libro VIII Disputationum*.

Nec enim amplius a debitore, quam debiti summa (5) consequi poterit. Sed si stipulatio usurarum fuerat, et post quinquennium forte, quam pretium ex re obligata consecutus est (6), victus eam emptori restituit, etiam medii temporis usuras a debitore petere potest, quia nihil ei solutum esse, ut auferri non possit, palam factum est; sed si simplum præstitit, doli exceptione repellendus erit ab usurarum petitione, quia habuit usum pecuniæ pretii, quod ab emptore acceperat.

24. ULPIANUS *XXX* (7) *ad Edictum*.

Eleganter apud me quæsitum est, si impetrasset

---

(1) Vulg. et Hal. : *conduxit, pignoris possessionem.*

(2) Hal. : *promisit : (nam usu hoc evenerit) conventus ob evictionem et condemnatus, an habeat regressum.*

(3) Hal. : in margine : *alias, conditio.*

(4) Hal. : *vendidit, quanti.*

(5) Vulg. et Hal. addunt *est.* Forte legendum *summam.*

(6) *Consecutus est*, quæ absunt in cod. Flor., supplevit Tau r. — Vulg. *acceperat.* Hal. : *Consecutus est.*

(7) Hal. : *lib. XXXVIII.*

§ 3. Si, après la vente du gage, le débiteur, qui l'avait entre les mains à titre de précaire ou de louage, n'en restitue pas la possession, il est tenu de l'action contraire.

§ 4. Si le créancier, en vendant le gage, a promis le double, se laissant entraîner par l'usage, et qu'il ait été actionné à raison de l'éviction et condamné, aura-t-il son recours par l'action pignératitienne contraire ? On peut dire qu'il aura ce recours, s'il a inséré cette clause dans la vente, sans dol ni faute de sa part, et s'il s'est conduit en cela comme un père de famille diligent. Mais si la vente n'a pas été plus avantageuse par suite de cette clause, et qu'il ait vendu seulement autant qu'il aurait pu vendre, quand même il n'aurait pas donné cette garantie, il n'a point de recours.

23. TRYPHONINUS, *Disputes, liv. VIII.*

Le créancier ne pourra donc, dans ce dernier cas, obtenir du débiteur plus que le montant de la dette. Mais s'il y avait une stipulation d'intérêts et que cinq ans, par exemple, après avoir reçu le prix de la chose engagée, actionné par l'acheteur, il ait succombé et payé le double, il pourra demander au débiteur même les intérêts du temps intermédiaire, parce qu'il est devenu évident qu'il n'a pas reçu un payement irrévocable. Mais s'il n'a rendu que le simple prix reçu, il sera repoussé, par l'exception du dol, de la demande qu'il formerait pour les intérêts, parce qu'il a eu l'usage du prix qu'il avait reçu de l'acheteur.

24. ULPIEN, *sur l'Edit, liv. XXX.*

On m'a soumis cette question intéressante : Si un créancier a obtenu de l'empereur la permission de posséder le gage pour lui, et qu'il en ait été évincé, aura-t-il l'action pignératitienne contraire ? Il me paraît que l'obligation du gage est éteinte et que le contrat est résilié. Le créancier aura, au contraire, l'action utile de

creditor a Cæsare, ut pignus possideret, idque evictum esset, an habeat contrariam pignoraticiam? Et videtur finita esse pignoris obligatio, et a contractu recessum. Imo utilis ex empto accommodata (1) est, quemadmodum si pro soluto ei res data fuerit, ut in quantitatem debiti ei satisfiat, vel in quantum ejus intersit (2) : et compensationem habere potest creditor, si forte pignoraticia, vel ex alia causa cum eo agetur.

§ 1. Qui reprobos nummos solvit creditori, an habet (3) pignoraticiam actionem, quasi soluta pecunia? quæritur. Et constat, neque pignoraticia eum agere, neque liberari posse, quia reproba pecunia non liberat solventem, reprobis videlicet nummis reddendis.

§ 2. Si vendiderit quidem creditor pignus pluris, quam debitum erat, nondum autem pretium ab emptore exegerit, an pignoraticio judicio conveniri possit ad superfluum reddendum? an vero vel exspectare debeat quoad emptor solvat, vel suscipere actiones adversus emptorem? Et arbitror, non esse urgendum ad solutionem creditorem, sed aut exspectare debere debitorem, aut si non exspectat, mandandas ei actiones adversus emptorem, periculo tamen venditoris. Quod si accepit jam pecuniam, superfluum reddit.

§ 3. In pignoraticio judicio venit, et si res pignori datas male tractavit creditor, vel servos debilitavit. Plane si (4) pro maleficiis suis coercuit, vel vinxit, vel

---

(1) Hal. : *accommodanda.*
(2) Hal. præfigit : *sed.*
(3) Hal. : *habeat.*
(4) Apud Hal. antecedentia ita se habent : *jam pecuniam, nec superfluum reddit; in pignoraticio judicio venit, quemadmodum et si res — debilitavit; quanquam si pro,* etc.

l'achat, de même que si la chose engagée lui avait été donnée en payement, afin que le débiteur lui paie le montant de la dette ou des dommages-intérêts (1) ; et le créancier pourra avoir la compensation, si le débiteur exerce contre lui l'action pignératitienne contraire ou quelque autre action.

§ 1. On demande si celui qui a payé au créancier des espèces de mauvais aloi a l'action pignératitienne, comme ayant payé. Il est constant qu'il ne peut pas intenter cette action et qu'il n'est point libéré, parce que les mauvaises espèces ne libèrent pas celui qui les donne en payement ; du reste on devra les lui rendre.

§ 2. Si le créancier a vendu le gage plus qu'il ne lui est dû, mais n'a point encore exigé le prix de l'acheteur, pourra-t-il être actionné par l'action pignératitienne pour rendre le surplus ? ou bien le débiteur devra-t-il attendre que l'acheteur paie, ou se contenter de la cession que le créancier voudrait lui faire de ses actions contre l'acheteur ? Je pense que le créancier ne doit point être forcé à payer, mais qu'il faut, ou que le débiteur attende, ou que, s'il ne veut pas attendre, les actions contre l'acheteur lui soient transportées, aux risques, toutefois, du vendeur. Mais si le créancier a déjà reçu l'argent, il rendra l'excédant.

§. 3 Le créancier est responsable, par l'action pignératitienne, des mauvais traitements qu'il a fait subir aux choses engagées, ou de l'altération de la santé des esclaves. Mais si, pour leurs méfaits, il les a châtiés, ou mis aux fers, ou livrés au préfet ou au président, il faut dire qu'il n'est pas tenu de l'action pignératitienne. C'est

---

(1) Hulot rapporte mal à propos *ut in quantitatem* à *res data fuerit* et traduit : « . . . . donnés en payement par son débiteur, » pour qu'il prît dessus jusqu'à concurrence de sa dette et de l'in- » térêt qu'il peut avoir. » V. mon *Commentaire*.

obtulit præfecturæ vel præsidi, dicendum est, pignoraticia creditorem non teneri. Quare si prostituit an-
cillam, vel aliud improbatum facere coegit, illico pignus ancillæ solvitur.

25. IDEM *libro XXXI* (1) *ad Edictum.*

Si servos pignoratos artificiis instruxit creditor, si
quidem jam imbutos, vel voluntate debitoris, erit
actio contraria : si vero nihil horum intercessit, si
quidem artificiis necessariis, erit actio contraria, non
tamen sic, ut cogatur servis carere pro quantitate
sumptuum debitor; sicut enim negligere creditorem
dolus et culpa, quam præstat, non patitur, ita nec
talem efficere rem pignoratam, ut gravis sit debitori
ad recuperandum; puta saltum grandem pignori
datum ab homine, qui vix luere potest, nedum ex-
colere, tu acceptum pignori excoluisti sic, ut magni
pretii faceres : alioquin non est æquum, aut quærere
me alios creditores, aut cogi distrahere, quod velim
receptum, aut tibi penuria coactum derelinquere.
Medie igitur hæc a judice erunt dispicienda, ut neque
delicatus debitor, neque onerosus creditor audiatur.

26. IDEM *libro III* (2) *Disputationum.*

Non est mirum, si ex quacumque causa magistratus in possessionem aliquem miserit, pignus constitui, quum testamento quoque pignus constitui posse,
Imperator noster cum patre sæpissime rescripsit.

---

(1) Hal. : *lib. XXX.*
(2) Hal. : *lib. V.*

pourquoi, s'il a prostitué une esclave qui lui a été donnée en gage, ou s'il l'a forcé de faire quelque autre acte illicite, le droit de gage est dissous à l'instant.

25. LE MÊME, *sur l'Edit, liv. XXXI.*

Lorsqu'un créancier a fait apprendre quelque métier aux esclaves engagés, s'ils avaient déjà un commencement d'instruction, ou s'il l'a fait conformément à la volonté du débiteur, il aura l'action contraire. Mais, si aucune de ces circonstances ne se rencontre, il faudra, pour qu'il ait l'action contraire, qu'il leur ait fait apprendre un métier nécessaire, de manière cependant que le maître ne soit pas forcé de se priver de l'esclave à cause du montant des dépenses; car, si la responsabilité, à laquelle le créancier est soumis à raison de son dol et de sa faute, ne lui permet pas de négliger la chose qu'il a reçue en gage, il ne doit pas non plus la rendre telle que le recouvrement en devienne onéreux pour le débiteur : par exemple, une vaste étendue de terre a été donnée en gage par un homme qui est à peine en état de la dégager, loin de pouvoir la mettre en culture; vous, après l'avoir reçue en gage, vous l'avez cultivée de manière à lui donner une grande valeur; il n'est pas équitable de me forcer à chercher à emprunter d'autres créanciers, ou à vendre une chose que j'aurais voulu recouvrer, ou à vous l'abandonner, réduit à cette extrémité par mon dénuement. Le juge devra donc prendre en tout ceci un juste milieu, et n'écouter ni un débiteur trop vétilleux, ni un créancier trop porté à charger le débiteur.

26. LE MÊME, *Disputes, liv. III.*

Il n'est point surprenant qu'un droit de gage soit constitué toutes les fois que le magistrat envoie quelqu'un en possession pour une cause quelconque; puisque, d'après plusieurs rescrits de notre empereur et de son père, un gage peut aussi être établi par testament.

§ 1. Sciendum est (1), ubi jussu magistratus pignus constituitur, non alias constitui, nisi ventum fuerit in possessionem.

27. IDEM *libro VI Opinionum.*

Petenti mutuam pecuniam creditori, quum præ manu (2) debitor non haberet, species auri dedit, ut pignori apud alium creditorem poneret. Si jam solutione liberatas receptasque eas is, qui susceperat, tenet, exhibere jubendus est; quod si etiam nunc apud creditorem creditoris sunt, voluntate domini nexæ videntur, sed ut liberatæ tradantur, domino earum propria actio adversus suum creditorem competit.

28. JULIANUS *libro XI Digestorum.*

Si creditor, qui rem pignori acceperat, amissa ejus possessione, Serviana actione petierit, et litis æstimationem consecutus sit, postea debitor eamdem rem petens exceptione summovetur, nisi offerat ei debitor quod pro eo solutum est.

§ 1. Si servus pro (3) peculiari nomine pignus acceperit, actio pignoraticia adversus dominum debitori competit.

29. IDEM *libro XLIV* (4) *Digestorum.*

Si rem alienam bona fide emeris, et mihi pignori dederis, ac precario rogaveris, deinde me dominus

---

(1) Hal. : *tamen,* loco *est.*
(2) Vulg. : *ad manum.*
(3) Hal. omittit : *pro.*
(4) Hal. : *lib. XIV.*

§ 1. Il faut savoir que, quand le gage est constitué par ordre du magistrat, il ne s'établit qu'autant qu'on entre en possession.

27. LE MÊME, *Opinions, liv. VI.*

Un créancier redemandait l'argent qu'il avait prêté, et le débiteur n'en ayant pas à sa disposition, lui remit des bijoux en or, afin qu'il les mît en gage chez un autre créancier. Si celui qui a reçu ces objets les retient après les avoir libérés par le payement et les avoir retirés, on devra lui ordonner de les exhiber. Que s'ils sont encore chez le créancier du créancier, ils sont considérés comme engagés du consentement du propriétaire ; mais, celui-ci a une action qui lui est propre contre son créancier, pour que ces bijoux lui soient rendus après avoir été dégagés.

28. JULIEN, *Digestes, liv. XI.*

Si le créancier qui avait reçu une chose en gage, en ayant perdu la possession, l'a demandée par l'action Servienne, et qu'il en ait obtenu l'estimation, le débiteur, demandant ensuite cette même chose, sera repoussé par une exception, à moins qu'il n'offre au possesseur le remboursement de ce qui a été payé pour lui.

§ 1. Si un esclave a reçu un gage pour une créance qui dépend de son pécule, l'action pignératitienne compète au débiteur contre le maître.

29. LE MÊME, *Digestes, liv. XLIV.*

Si vous avez acheté de bonne foi la chose d'autrui, que

heredem instituerit, desinit pignus esse., et sola precarii rogatio supererit; idcirco usucapio tua interpellabitur.

30. PAULUS *libro V Epitomarum Alfeni Vari Digestorum* (1).

Qui ratiario crediderat, quum ad diem pecunia non solveretur, ratem in flumine sua auctoritate detinuit; postea flumen crevit, et ratem abstulit. Si invito ratiario retinuisset, ejus periculo ratem fuisse, respondit (2); sed si debitor sua voluntate concessisset, ut retineret, culpam duntaxat ei præstandam, non vim majorem.

31. AFRICANUS *libro VIII* (3) *Quæstionum*.

Si servus pignori datus creditori furtum faciat, liberum est debitori, servum pro noxæ deditione (4) relinquere. Quod si sciens furem pignori mihi dederit, etsi paratus fuerit pro noxæ dedito (5) apud me relinquere, nihilominus habiturum me pignoraticiam actionem, ut indemnem me præstet. Eadem servanda esse, Julianus ait, etiam quum depositus vel commodatus servus furtum faciat (6).

32. MARCIANUS *libro IV Regularum* (7).

Cum debitore, qui alienam rem pignori dedit, po-

---

(1) Hal. : *lib. V Responsorum.*
(2) Hal. : *respondi.*
(3) Hal. : *lib. VII.*
(4) Hal. : *dedito.*
(5) Vulg. : *deditione.*
(6) Vulg. et Hal. : *facit.*
(7) Hal. : *Marcellus lib. IV Digestorum.*

vous me l'ayez donnée en gage , et m'ayez prié de vous la laisser à titre de précaire, et qu'ensuite le propriétaire m'ait institué héritier, le gage cesse d'exister, et il ne reste plus que le précaire. En conséquence votre usucapion sera interrompue.

3o. PAUL, *Abrégé du Digeste d'Alfénus Varus, liv. V.*

Quelqu'un avait prêté de l'argent au maître d'une barque ; n'étant pas payé au terme fixé, il retient de sa propre autorité le bateau sur la rivière. Ensuite la rivière croît et emporte le bateau. J'ai répondu que, si le créancier a retenu le bateau malgré le maître, il supportera les risques ; mais que, si le débiteur lui avait permis de le retenir, il n'est responsable que de sa faute et non de la force majeure.

31. AFRICANUS, *Questions, liv. VIII.*

Si l'esclave donné en gage vole le créancier, il est libre au débiteur de l'abandonner en réparation du délit. Que s'il me l'a donné en gage sachant qu'il était voleur, quoiqu'il soit prêt à m'en faire l'abandon noxal, j'aurai néanmoins l'action pignératitienne pour qu'il m'indemnise. Julien dit qu'il faut décider de même lorsqu'un esclave déposé ou prêté a commis un vol.

32. MARCIEN, *Règles, liv. IV.*

Si un débiteur a donné en gage la chose d'autrui, le créancier peut intenter contre lui l'action pignératitienne, quoique ce débiteur soit solvable.

test creditor contraria pignoraticia agere, etsi solvendo debitor sit.

33. IDEM *libro singulari ad Formulam
hypothecariam.*

Si pecuniam debitor solverit, potest pignoraticia
actione uti ad reciperandam ἀντίχρησιν; nam, quum
pignus sit, hoc verbo poterit uti.

34. MARCELLUS *libro singulari Responsorum.*

Titius quum credidisset pecuniam Sempronio; et
ob eam pignus accepisset, futurumque esset, ut distraheret eam (1) creditor, quia pecunia non solveretur, petiit a creditore, ut fundum certo pretio emptum
haberet, et quum impetrasset, epistolam, qua se
vendidisse fundum creditori significaret, emisit.
Quæro, an hanc venditionem debitor revocare possit,
offerendo sortem et usuras quæ debentur? Marcellus
respondit, secundum ea, quæ proposita essent, revocare non posse.

35. FLORENTINUS *libro VIII Institutionum.*

Quum et sortis nomine et usurarum aliquid debetur ab eo, qui sub pignoribus pecuniam debet, quidquid ex venditione pignorum recipiatur (2), primum
usuris, quas jam tunc deberi constat, deinde, si quid
superest, sorti accepto ferendum est. Nec audiendus
est debitor, si, quum parum idoneum se esse sciat,
eligit, quo nomine exonerari pignus suum malit.

§ 1. Pignus, manente, proprietate debitoris, solam
possessionem transfert ad creditorem; potest tamen
et precario et pro conducto debitor re sua uti.

---

(1) Procul dubio superfluum est *eam*. Vulg. : *illud.* Hal. : *id.*
(2) Hal. : *recipietur.*

33. LE MÉME, *Sur la formule hypothécaire, liv. unique.*

Si le débiteur a payé, il peut agir par l'action pigné-ratitienne pour recouvrer la chose donnée à antichrèse; car, comme c'est un gage, il peut employer l'action de ce nom.

34. MARCELLUS, *Réponses, liv. unique.*

Titius, ayant prêté de l'argent à Sempronius, avait reçu de lui un gage. Le créancier étant sur le point de vendre ce gage, parce qu'il n'était pas payé, le débiteur le pria de l'acheter lui-même pour un certain prix, et, sa proposition ayant été acceptée, il envoya au créancier une lettre dans laquelle il lui déclarait qu'il lui avait vendu ce fonds. Je demande si le débiteur peut faire révoquer cette vente, en offrant le capital et les intérêts de sa dette. Marcellus a répondu que, d'après les faits exposés, il ne le pouvait pas.

35. FLORENTIN, *Institutes, liv. VIII.*

Lorsqu'un débiteur, qui a donné des gages, doit une certaine somme, et comme capital, et comme intérêts, tout ce qui provient de la vente des gages doit être im-puté d'abord sur les intérêts qui se trouvent actuelle-ment dus, et le reste, s'il y en a, sur le capital. On ne doit point écouter le débiteur qui, sachant qu'il est peu solvable, voudrait choisir l'obligation dont il préfére-rait décharger son gage.

§ 1. Le gage ne transfère au créancier que la posses-sion seule, la propriété restant au débiteur; cependant le débiteur peut se servir de la chose en la gardant à titre de précaire ou de louage.

36. ULPIANUS *libro XI ad Edictum* (1).

Si quis in pignore (2) pro auro æs subjecisset creditori, qualiter teneatur? quæsitum est. In qua specie rectissime Sabinus scribit, si quidem dato auro æs subjecisset, furti teneri; quod si in dando æs subjecisset, turpiter fecisse, non furem esse. Sed et hic puto pignoraticium judicium locum habere, et ita Pomponius scribit. Sed et extra ordinem stellionatus nomine plectetur, ut est sæpissime rescriptum.

§ 1. Sed et si quis rem alienam mihi pignori dederit sciens prudensque, vel si quis alii obligatam mihi obligavit, nec me de hoc certioraverit (3), eodem crimine plectetur. Plane si ea res ampla est, et ad modicum æris fuerit pignorata, dici debebit, cessare non solum stellionatus crimen, sed etiam pignoraticiam, et de dolo actionem, quas in nullo captus sit, qui pignori secundo loco accepit.

37. PAULUS *libro V ad Plautium* (4).

Si pignus mihi traditum locassem domino, per locationem retineo possessionem, qui ante, quam conduceret debitor, non fuerit ejus possessio, quum et animus mihi retinendi sit, et conducenti non sit animus possessionem adipiscendi (5).

38. MODESTINUS *libro I Differentiarum*.

Pupillo capienti pignus, propter metum pignoraticiæ actionis, necessaria est tutoris auctoritas.

---

(1) Hal. : *ad Sabinum.*

(2) Hal. inserit : *dando.*

(3) Hal. : *certioravit.*

(4) Hal. : *ad Edictum.*

(5) Hal. : *adipiscendi.*

36. ULPIEN, *Sur l'Édit, liv. XI.*

Si quelqu'un, en donnant un gage à son créancier, avait substitué du cuivre à de l'or, on a demandé de quelle action il serait tenu. Sabinius a fait à ce sujet une distinction très-juste : si, après avoir donné en gage de l'or, il y a substitué du cuivre, il sera tenu de l'action du vol ; s'il a fait cette substitution au moment où il donnait le gage, il a commis une action honteuse, mais non un vol. Mais je pense que l'action pignératitienne aura également lieu ici, et c'est l'avis de Pomponius. Il sera d'ailleurs puni extraordinairement comme stellionataire, suivant plusieurs rescrits.

§. 1. Si quelqu'un me donne en gage une chose qu'il sait bien appartenir à autrui, ou m'oblige une chose déjà obligée à un autre, sans m'en prévenir, il sera puni comme coupable du même crime. Mais si la chose est d'une valeur considérable et a été engagée pour une somme modique, il faudra dire qu'il n'y a plus lieu ni à la poursuite criminelle du stellionat, ni à l'action contraire du gage, ni à l'action du dol, attendu que le créancier à qui la chose a été engagée en second lieu n'éprouve aucun tort.

37. PAUL, *Sur Plautius, liv. V.*

Si j'ai loué au propriétaire le gage qui m'a été livré, je conserve par cette location la possession, parce que la possession n'était point au débiteur avant qu'il prît la chose à loyer de moi, attendu que, d'un côté, j'ai l'intention de conserver la possession, et que, de l'autre, le locataire n'a pas l'intention de l'acquérir.

38. MODESTIN, *Différences, liv. I.*

L'autorisation du tuteur est nécessaire au pupille qui reçoit un gage, à cause de l'action pignératitienne (1) à laquelle il s'expose.

---

(1) *Directe,* et non *contraire* comme dit Hulot.

39. Idem *libro IV* (1) *Responsorum.*

Gaius Seius ob pecuniam mutuam fundum suum Lucio Titio pignori dedit; postea pactum inter eos factum est, ut creditor pignus suum in compensationem pecuniæ suæ certo tempore possideret (2). Verum ante expletum tempus creditor, quum suprema sua ordinaret, testamento cavit, ut alter ex filiis suis haberet eum fundum, et addidit : *quem de Lucio Titio* (3) *emi*, quum non emisset; hoc testamentum inter cæteros signavit et Gaius Seius, qui fuit debitor. Quæro, an ex hoc, quod signavit, præjudicium aliquod sibi fecerit, quum nullum instrumentum venditionis proferatur, sed solum pactum, ut creditor certi temporis fructus caperet? Herennius Modestinus respondit, contractui pignoris non obesse, quod debitor testamentum creditoris, in quo se emisse pignus expressit, signasse proponitur.

40. Papinianus *libro III Responsorum.*

Debitor a creditore pignus, quod dedit, frustra emit, quum rei suæ nulla emptio sit; nec si minoris emerit, et pignus petat, aut dominium vindicet, et non totum debitum offerenti creditor possessionem (4) restituere cogetur.

---

(1) Hal. : *lib. III.*

(2) Vulg. hic inserit : *et fructus cum debito compensando acciperet.*

(3) Hal. : *Lucio Attio.* Brenkman nihil temere mutandum ait. Sed evidenter mendum irrepsit; legendum *Gaio Seio.*

(4) Hal. inserit : *pignoris.*

39. LE MÊME, *Réponses, liv. IV.*

Gaius Séius a donné son fonds en gage à Lucius Titius, qui lui a prêté de l'argent ; ensuite ils sont convenus que le créancier posséderait le gage pendant un certain temps en compensation de sa créance. Mais avant que ce temps fût écoulé, le créancier, réglant ses dernières volontés, a mis dans son testament qu'il voulait *que l'un de ses fils eût ce fonds,* en ajoutant, *lequel j'ai acheté de Gaius Séius* (1), tandis qu'il ne l'avait réellement pas acheté. Ce testament a été scellé, entre autres témoins, par Gaius Séius, qui était le débiteur. On a demandé si, par cela seul qu'il avait apposé son sceau à ce testament, il s'était causé à lui-même un préjudice, lorsque d'ailleurs on ne produisait aucun acte de vente, mais seulement le pacte qui permettait au créancier de percevoir les fruits pendant un certain temps. Hérennius Modestin a répondu que le contrat de gage ne recevait aucune atteinte de ce que le débiteur avait scellé le testament du créancier, dans lequel celui-ci énonçait qu'il avait acheté le gage.

40. PAPINIEN, *Réponses, liv. III.*

Le débiteur achète inutilement du créancier le gage qu'il lui a donné, parce qu'on ne peut acheter valablement sa propre chose ; et s'il l'a acheté pour un prix inférieur au montant de sa dette (2), et qu'il redemande le gage ou revendique la propriété, le créancier ne sera point forcé de lui restituer la possession, s'il n'offre pas la totalité de la dette.

---

(1) *De Lucio Titio* dans le texte est évidemment une faute d'inadvertance.

(2) Hulot amalgame ceci à la règle précédente d'une singulière façon : « Personne ne doit acheter sa chose si elle est vendue pour » un prix moins considérable que la dette. »

§ 1. Debitoris filius, qui manet in patris potestate, frustra pignus a creditore patris peculiaribus nummis comparat; et ideo si patronus debitoris contra tabulas ejus possessionem acceperit, dominii partem obtinebit; nam pecunia, quam filius ex re patris in pretium dedit, pignus liberatur.

§ 2. Soluta pecunia, creditor possessionem pignoris, quæ corporalis apud eum fuit, restituere debet, nec quidquam amplius præstare cogitur. Itaque si medio tempore pignus creditor pignori dederit, domino solvente pecuniam, quam debuit, secundi pignoris neque persecutio dabitur, neque retentio relinquetur.

41. Paulus *libro III* (1) *Quæstionum.*

Rem alienam pignori dedisti, deinde dominus rei ejus esse cœpisti; datur utilis actio pignoraticia creditori. Non est idem dicendum, si ego Titio, qui rem meam obligaverat sine mea voluntate, heres exstitero; hoc enim modo pignoris persecutio concedenda non est creditori; neque utique sufficit ad competendam utilem pignoraticiam actionem, eumdem esse dominum, qui etiam pecuniam debet. Sed si convenisset de pignore, ut ex suo mendacio arguatur, improbe resistit, quo minus utilis actio moveatur.

42. Papinianus (2) *libro III Responsorum.*

Creditor judicio, quod de pignore dato proponi-

---

(1) Hal.: idem, *lib. VIII.*
(2) Hal. : idem.

§ 1. Le fils du débiteur, qui est demeuré sous sa puissance, n'achète point valablement du créancier le gage avec les deniers de son pécule. En conséquence, si le patron du débiteur a obtenu la possession des biens contre le testament, il aura la moitié de la propriété de la chose qui avait été engagée ; car le gage a été éteint par le payement que le fils, pour acquitter le prix d'achat, a fait avec de l'argent provenant des biens de son père.

§ 2. Lorsque l'argent dû est payé, le créancier doit restituer la possession du gage qu'il avait corporellement en son pouvoir, et il n'est forcé à fournir rien de plus (1). C'est pourquoi, si, dans le temps intermédiaire, le créancier a lui-même engagé la chose qu'il a reçue en gage, dès que le propriétaire paie la somme qu'il doit, il ne sera plus accordé pour le second gage ni action ni rétention.

41. PAUL, *Questions, liv. III.*

Vous avez donné en gage la chose d'autrui, ensuite vous êtes devenu propriétaire de cette chose, l'action (réelle) utile du gage est donnée au créancier. Il n'en faut pas dire autant, si je deviens héritier de Titius qui avait obligé ma chose sans ma volonté ; car, dans cette hypothèse, la faculté de poursuivre le gage ne sera point accordé au créancier. Il ne suffit point en effet, pour que l'action (réelle) utile du gage compète, que la même personne réunisse les deux qualités de propriétaire de la chose et de débiteur de la somme. Mais, si le défendeur actuel a lui-même fait la convention du gage, de manière qu'on puisse lui reprocher son propre mensonge, il ne peut honnêtement résister à l'action utile qui est exercée contre lui.

42. ULPIEN, *Réponses, liv. III.*

Le créancier est justement forcé, par l'action qui

---

(1) Hulot rapporte à tort *præstare cogitur* au débiteur, et traduit : « Et il (le créancier) ne peut exiger une somme plus » forte, etc. »

tur, ut superfluum pretii cum usuris restituat, jure cogitur, nec audiendus erit, si velit emptorem delegare, quum in venditione, quæ fit, ex facto (1) suum creditor negotium gerat.

43. Scævola *libro* V (2) *Digestorum*.

Locum purum pignori creditori obligavit, eique instrumentum emptionis tradidit, et quum eum locum inædificare vellet, mota sibi controversia a vicino de latitudine, quod alias probare non poterat, petit (3) a creditore, ut instrumentum a se traditum auctoritatis (4) exhiberet; quo non exhibente, minorem locum ædificavit, atque ita damnum passus est. Quæsitum est, an, si creditor pecuniam petat vel pignus vindicet, doli exceptione posita, judex hujus damni rationem habere debeat? Respondit (5), si operam non dedisset, ut instrumenti facultate subducta debitor caperetur, posse debitorem, pecunia soluta (6), pignoraticia agere; opera autem in eo data, tunc et ante pecuniam solutam in id, quod interest, cum creditore agi.

§ 1. Titius quum (7) pecuniam mutuam accepit a Gaio Seio sub pignore culleorum, istos culleos quum Seius in horreo haberet, missus ex officio annonæ centurio culleos ad annonam sustulit, ac postea in-

---

(1) Hal. : *quæ rite est facta.*

(2) Hal. : *lib. VIII.*

(3) Hal. : *petiit.*

(4) Hal. : *instrumentum auctionis a se traditum exhiberet.*

(5) Hal. hic et § 1 : *respondi.*

(6) Hal. : *si pecuniam solvat.*

(7) Apud Hal. *quum* abest.

compète pour un gage donné, à restituer l'excédant du prix avec les intérêts ; et il ne sera point écouté s'il veut déléguer l'acheteur, attendu que, dans une vente qui se fait ainsi, dans le fait (1), le créancier gère sa propre affaire.

43. SCÉVOLA, *Digestes, liv. V.*

Le débiteur a obligé à titre de gage à son créancier un terrain où il n'existait pas de construction (2), et lui a livré l'acte d'achat. Comme le débiteur voulait bâtir sur cet emplacement, un voisin lui a élevé une contestation sur la largeur du terrain. Ne pouvant la prouver autrement que par l'acte d'achat qu'il avait livré à son créancier, il a demandé à celui-ci de le lui représenter. Le créancier ayant refusé de l'exhiber, le débiteur a bâti sur un emplacement moindre, et a ainsi éprouvé un dommage. On a posé la question si, dans le cas où le créancier demanderait la somme, ou revendiquerait le gage, le juge pourrait, d'après l'exception du dol opposée par le débiteur, avoir égard au préjudice que ce dernier a souffert. Le jurisconsulte a répondu que, si le créancier n'avait point agi ainsi à dessein, afin que le débiteur, faute d'avoir la faculté de produire son acte d'achat, éprouvât un tort, le débiteur ne pourra intenter l'action pignératitienne qu'après avoir payé ; mais que, si le créancier l'a fait exprès, le débiteur pourra alors agir contre le créancier pour ses dommages-intérêts, même avant d'avoir payé.

§ 1. Titius, ayant emprunté de l'argent de Gaius Séius, lui a donné en gage des sacs de cuir propres à renfermer du blé. Pendant que ces sacs étaient dans le grenier de Séius, un centurion, envoyé par l'administration des vivres, les a enlevés pour l'approvisionne-

---

(1) V. le *Commentaire.*

(2) Hulot traduit : *lieu profane ;* mais ce n'est pas ici *locum purem a religione,* mais *locum purum ab ædificiis.*

stantia Gaii Seii creditoris reciperati sunt. Quæro, intertrituram, quæ ex operis facta est, utrum Titius debitor, an Seius creditor agnoscere debeat? Respondit, secundum ea, quæ præponerentur, ob id, quod eo nomine intertrimenti accidisset, non teneri.

FINIS.

ment de l'armée ; ils ont ensuite été recouvrés sur les démarches du créancier Gaius Séius. Je demande si c'est Titius le débiteur ou Séius le créancier qui doit supporter la détérioration provenant de l'emploi qui en a été fait. Le jurisconsulte a répondu que, d'après les faits exposés, le créancier n'était point tenu de la détérioration survenue à cette occasion.

FIN.

CORBEIL, IMPRIMERIE DE CRÉTÉ.